Thorsten Jacobi

Gott zum Thema machen

Thorsten Jacobi

Gott zum Thema machen

Zehn Predigtvorträge

Fromm Verlag

Impressum / Imprint
Bibliografische Information der Deutschen Nationalbibliothek: Die Deutsche Nationalbibliothek verzeichnet diese Publikation in der Deutschen Nationalbibliografie; detaillierte bibliografische Daten sind im Internet über http://dnb.d-nb.de abrufbar.

Bibliographic information published by the Deutsche Nationalbibliothek: The Deutsche Nationalbibliothek lists this publication in the Deutsche Nationalbibliografie; detailed bibliographic data are available in the Internet at http://dnb.d-nb.de.

Verlag / Publisher:
Fromm Verlag
ist ein Imprint der / is a trademark of
AV Akademikerverlag GmbH & Co. KG
Heinrich-Böcking-Str. 6-8, 66121 Saarbrücken, Deutschland / Germany
Email: info@frommverlag.de

Herstellung: siehe letzte Seite /
Printed at: see last page
ISBN: 978-3-8416-0395-1

Inhaltsverzeichnis

Vorwort

Die hier abgedruckten Predigtvorträge sind Bestandteile einer Reihe von „Thema-Gottesdiensten" gewesen, die in den Jahren 2001-2012 jeweils in den Sommerferien gefeiert wurden. Diese Thema-Gottesdienste bestanden aus Wortbeiträgen sowie aus einer verkürzten und vereinfachten Liturgie, deren Gebete und Lieder auf das jeweilige Thema abgestimmt waren. Die Erfahrungen zeigten, dass zur üblichen Sonntagsgemeinde eine Hörerschaft hinzustieß, die zwar religiös interessiert war, sonst aber kaum den sonntäglichen Gottesdienst aufzusuchen pflegte. Nach dem Thema-Gottesdienst wurde zu einer Aussprache ins Gemeindehaus eingeladen. Die Lebendigkeit der Aussprachen belegte, wie groß das Bedürfnis der Gottesdienstbesucher war, sich über das Gehörte auszutauschen.

Die zehn ausgewählten Beiträge sind Thema-Predigten, d.h. sie stellen eine Mischung von Predigt und Vortrag dar. Der Charakter dieser Predigtvorträge ist in dieser Wiedergabe überwiegend beibehalten worden. Die Literaturempfehlungen enthalten Hinweise darauf, aus welchen Quellen gedanklich geschöpft wurde oder welche Publikationen sich für das weitere Studium anbieten könnten.

Die Veröffentlichung der Predigtvorträge verfolgt drei Ziele: Zum ersten möchte die Publikation bei Menschen im Verkündigungsdienst dafür werben, immer wieder einmal dem Druck der Perikopenordnung zu widerstehen und sich aus thematischer Perspektive mit Bibeltexten auseinanderzusetzen. Zum zweiten wollen die Beiträge dazu ermutigen, eigene Antworten auf die gestellten Fragen zu finden und diese in Form gepredigter Stellungnahmen zur Diskussion zu stellen. Das Interesse der Menschen am Ort ist groß zu erfahren, welche Ansichten ihr/e eigene/r Pastor/in vertritt und wie sie begründet werden. Und drittens versteht sich diese Veröffentlichung als ein Gruß und ein Dank an die Evangelisch-Lutherische Kirchengemeinde Elsey und die Evangelisch-Reformierte Kirchengemeinde Hohenlimburg, in deren Kirchen ich insgesamt 13 Jahre lang den Verkündigungsdienst versehen durfte. Ich danke dem Fromm-Verlag, die Veröffentlichung ermöglicht zu haben.

Thorsten Jacobi

Hohenlimburg, im Juni 2013

Gott – Wunschtraum oder Wirklichkeit?

Liebe Freunde, existiert Gott lediglich in menschlichen Träumen und Wünschen? Hat sich der Mensch die Götter nach seinem eigenen Bilde geschaffen? Die Frage ist nicht neu. Schon vor 2.500 Jahren hegten die alten Griechen einen solchen Verdacht. In einem Gedicht von Xenophanes heißt es:

> *Die Sterblichen meinen, Götter würden geboren und hätten ihre Kleidung, ihre Stimme und Gestalt. Doch wenn Ochsen oder Löwen Hände hätten oder malen könnten mit ihren Händen und Kunstwerke herstellen wie die Menschen, dann würden Pferde pferdeähnlich, Ochsen ochsenähnlich die Gestalten der Götter malen und solche Körper bilden, wie jeder selbst gestaltet ist.*

Vor 160 Jahren trat eine Variante dieses alten Verdachtes auf. Der Mensch habe sich einen Gott erdacht, damit dieser Gott seine menschlichen Schwächen ausgleiche. Der Mensch habe sich deshalb einen allmächtigen und ewigen Gott erdacht, um mit seiner begrenzten Macht und mit seiner Sterblichkeit besser zurechtzukommen. Es war der Philosoph Ludwig Feuerbach, der die Auffassung vertrat: "Wie der Mensch, so sein Gott. Wie der Mensch denkt, so sieht auch sein Gott aus". Seitdem sind vielen Zweifel gekommen. Sie fragen sich: Ist mein Gebet womöglich nicht mehr als ein frommer Selbstbetrug, bestenfalls eine Seelenpflege, damit ich die Härten des Lebens besser meistern kann? Ist unser Glaube letzten Endes nur eine Art Placebo, damit wir Menschen uns mit etwas weniger Angst dem Gedanken an unser zukünftiges Sterben stellen können?

I. Für Religionskritiker von Feuerbach über Marx und Freud bis in unsere Zeit hinein steht die Antwort fest. Hinter den vielen Gottesbildern und religiösen Symbolen stehe nichts anderes als der Mensch - mit seinen Sehnsüchten und mit seinen Ängsten. Für sie ist Religion, der Glaube an einen Gott, ein menschliches Produkt, eine Erfindung des menschlichen Geistes. Eine Erfindung jedoch mit Folgen, die für gefährlich, ja zuweilen sogar für schädlich gehalten werden. Der Glaube an Gott nämlich, so heißt es, er binde die geistigen Kräfte, Kräfte, die auf anderen Gebieten des Lebens verloren gingen, die vor allem nicht mehr zur Verfügung stünden, wenn es darum gehe, die Lebensverhältnisse von Menschen zu verbessern. Wer sein Lebensinteresse auf Gott richte und sich um ein inniges Verhältnis zu ihm bemühe, der gerate in Gefahr, die Probleme der Welt aus dem Blick zu verlieren. Das Jenseits werde ihm wichtiger als das Diesseits. Außerdem lasse der Glaube an Gott sich nutzen, um Menschen zu beherrschen, um ihr Denken zu kontrollieren und ihr Bewusstsein zu manipulieren. Die christliche Kirche habe dies Jahrhunderte lang getan. Sie habe die religiösen Wunschträume der Menschen geschickt aufgegriffen und den eigenen Interessen nutzbar gemacht. Die Kirche habe vom Gericht gepredigt und gezielt Höllenängste geschürt, um Macht zu gewinnen und zu erhalten, Macht über die Seelen von Menschen.

Vor diesem Hintergrund rufen Kritiker von Religion und Kirche die Menschen auf, sich von religiösen Traumbildern und ihrem Einfluss zu lösen. Auch wenn sie von Feuerbach noch nie etwas gehört haben, so sehen sich in der Moderne doch viele aufgerufen, endlich erwachsen, endlich frei und mündig zu werden. Sie betrachten den christlichen Glauben und die Kirche mit großem Argwohn oder haben sich von beidem bereits bewusst losgesagt. Dabei dürfen wir nicht vergessen: Feuerbachs Verdacht, dass der Glaube an Gott eine menschliche Erfindung sei, hegen auch viele Kirchenchristen, angefangen von Katechumenen bis hin zu kirchlichen Funktionsträgern.

In der letzten Zeit ist eine Gegenbewegung zu beobachten. Ihre Vertreter, darunter Psychologen, Journalisten und Theologen, sie alle werden nicht müde, darauf hinzuweisen, wie förderlich religiöse Vorstellungen doch sind: Bilder von Erlösung, Bilder vom Heilwerden, Bilder von Frieden und Gerechtigkeit, sie alle seien für die eigene Alltagsbewältigung und für das menschliche Zusammenleben unerlässlich, selbst dann, wenn es sich dabei "nur" um Bilder handeln sollte, wenn also hinter den Wunschträumen keine Wirklichkeit stehe. Der Mensch brauche eben etwas, was ihm einen inneren Halt gebe, der Mensch bedürfe himmlischer Hoffnungsbilder, er sei auf sie als innere Kraftquellen angewiesen, wenn er in dieser oft so trostlosen Welt seelisch überleben wolle. Der Mensch brauche auch für sein soziales und politisches Handeln religiöse Vorstellungen, z.B. das Zutrauen in seine Gottebenbildlichkeit zur Verteidigung seiner Würde, die Vision einer höheren Gerechtigkeit, damit er gegen die alltägliche Gewalt und gegen ungerechte Lebensverhältnisse angehen kann. Der Mensch brauche schließlich den Glauben an ein Leben nach dem Tode, um das Leben vor dem Tode unbeschwerter leben zu können. Religion als Lebenshilfe,

Glaube als Motivationsquelle, Bilder vom Himmel, um die Erde menschenfreundlicher gestalten zu können. Beide Lager, das der Kritiker wie der Verteidiger, unterscheiden sich im Grunde nur in einem Punkt voneinander. Sie unterscheiden sich darin, dass die einen die Gottesbilder für schädlich, die anderen hingegen für nützlich halten. Was aber wäre, wenn hinter den Bildern tatsächlich eine göttliche Wirklichkeit steckte, eine Wirklichkeit, die größer und zuweilen auch ganz anders ist, als wir Menschen es uns erträumen? Eine Wirklichkeit fern aller Nützlichkeitsargumente?

II. Liebe Freunde, Gottesbilder können dem Menschen schaden, sie können ihm auch helfen. Unbestritten ist, dass jeder, der glaubt, sich auch seine Gedanken und Vorstellungen macht. Jeder, für den Gott eine Bedeutung hat, entwirft auch ein Bild von ihm. Er unterscheidet sich damit von anderen, für die Gott keinerlei Bedeutung hat. Auch solche gibt es ja, Menschen, die in weitgehender Gottvergessenheit leben. Für die 'Gott' nur ein Name ist. Ein Begriff ohne sinnvollen Inhalt, ohne einen Bezug zu ihrem Leben, ohne Bedeutung für das, was sie antreibt oder umtreibt. An die Stelle Gottes sind in diesen Fällen andere Glaubensvorstellungen getreten, etwa die Überzeugung, dass die Familie alles ist oder die Liebe in einer Zweier-Beziehung das Höchste im Leben. An die Stelle eines Glaubens an Gott ist oft auch der Glaube an sich selbst getreten. Wer aber – wie auch immer - an einen Gott glaubt, der außerhalb seiner selbst existiert, der macht sich notwendigerweise ein Bild von ihm, selbst wenn es oft nur ein recht diffuses Bild ist. Für ein Kind mag es der Bilderbuch-Gott sein, der gütige Großvater auf einer weißen Wolke. Für den Jugendlichen ist es vielleicht eine Herrschergestalt, die für Ordnung und Gerechtigkeit in der Welt sorgt. Ein Erwachsener mag in Gott eher eine abstrakte Kraft sehen, die tief in seinem Inneren wohnt, oder eine engelgleiche Schutzmacht, die ihn bewahrt: vor allem Übel und in allem Bösen. Gott, das kann ein bestimmtes Erlebnis sein, eine einmalige Erfahrung, die einen blitzartig überkam und doch eine nachhaltige Wirkung ausübt. Ein junger Vater sagte einmal: "Gott, das ist für mich der Augenblick, in dem ich meinen gerade geborenen Sohn zum ersten Mal auf den Arm gelegt bekam." Unsere Gottesbilder können sehr konkret sein, sie können aber auch hoch abstrakt sein, mit der Üppigkeit eines Rubens gemalt oder elementar von Mondrian konstruiert. Unsere Vorstellungen von Gott können uns ein Leben lang unverändert leiten und begleiten, sie können aber auch zu Bruch gehen und im besten Fall von einem anderen Gottesbild abgelöst werden. Gottesbilder haben sicherlich etwas mit unserem Charakter und unserer Lebensgeschichte zu tun, mit unserem Elternhaus, mit der

Erziehung und der Kultur, in der wir groß werden. Gottesbilder stehen gewiss in Beziehung zu den Erfahrungen, die wir machen, gute und böse Erfahrungen. Die Bibel liefert sehr anschauliche Beispiele dafür: Natürlich ist Gott für einen Nomaden wie ein guter Hirte, der seine Schafe auf grüner Aue weidet und sie zum frischen Wasser führt. Gott ist für einen Orientalen selbstverständlich Sonne und Schild; für den Ackerbauern ist Gott wie eine feste Burg, zu der er Zuflucht nehmen kann; Gott ist wie ein gütiger Vater und tröstet, wie einen seine Mutter tröstet. Gott kann aber auch den Feinden ein "Schrecken" sein, und wenn es darauf ankommt wie ein Sturm oder ein loderndes Feuer. Insofern hatte Ludwig Feuerbach doch nicht ganz unrecht, als er die Behauptung aufstellte: "Wie der Mensch, so sein Gott". Die Frage ist nur, ob es ausschließlich der Charakter, die Erziehung und bestimmte Lebenslagen sind, die seelisch verarbeitet werden und dann unser Gottesbild bestimmen. Meiner Auffassung nach kommt immer auch noch etwas anderes dazu. Religiöse Menschen verfügen über die Gabe, mit zwei Bildern gleichzeitig zu leben: mit einem Bild, das sie sich selbst machen, und mit einem, das sie empfangen, das ihnen nahegebracht wird. Denkbar, dass sich im Innern zwei Bilder zu einem einzigen vereinigen wie zwei Dias, wenn sie mit Hilfe zweier Projektoren übereinander geblendet werden: dann hätten wir ein Gottesbild, das aus der menschlichen Erfahrungswelt stammt und das vermittelt wird durch das Elternhaus, durch die Kultur oder bestimmte Erlebnisse. Das andere Bild könnte hingegen eins sein, das aus einer anderen Wirklichkeit stammt. Vermittelt durch eine Art inneres Auge, das empfänglich ist für das, was über dem Leben steht. Es erfasst, was hinter den Dingen liegt bzw. in der Welt sonst verborgen ist. Ein inneres Auge, das, wie es in einem Gesang heißt, stets auf den Herren gerichtet ist und durch die Begegnung mit biblischen Texten geöffnet werden kann.

III. Steckt hinter unseren Gottesbildern wirklich ein Gott? Oder ist alles nur ein Wunschtraum, eine Projektion menschlicher Sehnsüchte und Wünsche? Ist der Himmel nichts weiter als eine geistige Leinwandfläche voller Gottesbilder aus der Produktion unserer Phantasie? Lasst uns auf eine biblische Geschichte hören, die vielen seit Kindertagen vertraut ist. Im Buch über den Propheten Jona wird erzählt:

> *Es geschah das Wort des HERRN zu Jona, dem Sohn Amittais: Mache dich auf und geh in die große Stadt Ninive und predige wider sie; denn ihre Bosheit ist vor mich gekommen. Aber Jona machte sich auf und wollte vor*

dem HERRN fliehen. (...) Und es geschah das Wort des HERRN zum zweitenmal zu Jona: Mach dich auf, geh in die große Stadt Ninive und predige ihr, was ich dir sage! Da machte sich Jona auf und ging hin nach Ninive, wie der HERR gesagt hatte. Ninive aber war eine große Stadt. Und als Jona anfing, in die Stadt hineinzugehen, predigte er und sprach: Es sind noch vierzig Tage, so wird Ninive untergehen. Da glaubten die Leute von Ninive an Gott und ließen ein Fasten ausrufen, sie taten Buße und änderten ihr Leben. Als aber Gott ihr Tun sah, wie sie sich änderten und abließen von ihrem bösen Wege, da reute ihn das Übel, das er ihnen angekündigt hatte, und tat es nicht. Das aber verdross Jona sehr und er ward zornig und sprach zum HERRN: Ach, HERR, das ist es ja, was ich dachte, als ich noch in meinem Land war, weshalb ich auch eilends fliehen wollte; denn ich wusste, dass du gnädig, barmherzig, langmütig und von großer Güte bist und lässt dich des Übels gereuen. So nimm nun, HERR, meine Seele von mir; denn ich möchte lieber tot sein als leben. Aber der HERR sprach: Meinst du, dass du mit Recht zürnt? Mich sollte nicht jammern Ninive, eine so große Stadt, in der mehr als 120.000 Menschen sind? *Buch Jona 1,1-3a; 3,1-5.10; 4,1-4.11ab*

Die Geschichte von Jona: diesmal nur die Rahmengeschichte, ohne den Walfisch. Jona hatte eine feste Vorstellung von seinem Gott, ein Gottesbild, das in sich durchaus schlüssig war. Gott war für ihn eine Macht, die über die Welt wacht. Eine Art Polizist, der einschreitet, wenn jemand gegen die gültige Weltordnung verstößt. Die Einwohner von Ninive hatten nun permanent gegen diese Weltordnung verstoßen, sie hatten sich dauerhafter Regelverstöße schuldig gemacht. Worin diese bestanden, wird nicht genau gesagt. Es heißt nur, dass ihre Bosheit vor Gott gekommen war, also himmelschreiend gewesen sein muss. Für Jona war der Fall klar: Der bösen Tat muss nun die Strafe folgen. Aber Jona hat von Anfang an ein ungutes Gefühl. Er soll der Stadt Ninive nicht nur die Strafe Gottes ansagen. Er soll die Einwohner zunächst vor allem auffordern, ihr Leben zu ändern. Jona ahnt, dass hier etwas nicht stimmt. Dass hier etwas nicht zu dem Gottesbild passt, das er hat und das er auch hochgehalten wissen will. Denn es sieht danach aus, dass Gott den Bewohnern von Ninive noch eine letzte Chance geben will. Und wenn sie diese Chance nutzen sollten, dann - so fürchtet Jona - wird womöglich die Bestrafung ausbleiben. Dies empfindet Jona als höchst ungerecht. Eine solche Nachsichtigkeit erschüttert das Bild, das er von seinem Gott hat. Sein Gott ist ein durch und durch gerechter Gott, der die Guten belohnt und die Bösen bestraft. Jonas Gott ist ein konsequenter Gott. Mit diesem Gott aber, der ihn nun nach Ninive sendet, mit diesem inkonsequenten Gott will Jona nichts zu schaffen haben. Jona versucht deshalb zu fliehen. Er rennt dem inkonsequenten Gott davon. Aber dieser Gott holt ihn ein. Und wieder erhält Jona den Auftrag, nach Ninive zu gehen. Schweren Herzens gibt Jona nach. Er geht nach Ninive, predigt den Einwohnern, umzukehren und ihr Leben zu ändern - und hat Erfolg. Sehr zu seinem Leidwesen. Denn nun trifft genau das ein, was Jona befürchtet hat: "Da glaubten die Leute von Ninive an Gott und ließen ein Fasten ausrufen, sie taten Buße und änderten ihr Leben. Als aber Gott ihr Tun sah, wie sie sich änderten und abließen von ihrem bösen Wege, da reute ihn das Übel, das er ihnen angekündigt hatte, und tat es nicht." Jona erkennt: Gott kann ganz anders sein. Und er wird zornig. Er möchte lieber tot sein als leben - leben mit einem inkonsequenten Gott.

Liebe Freunde, es ist hart, wenn das Gottesbild zu Bruch geht. Es kann einem ganz schön nahe gehen, wenn die Vorstellungen, die man sich über Gott gemacht hat, plötzlich nicht mehr zutreffen. Von Soldaten, die im Krieg waren, wissen wir: Mit ihrem Gottesbild ist meist auch ihr Gott selbst, ihr Glaube überhaupt zu Bruch gegangen. Wir Menschen haben es halt nicht gerne, wenn uns etwas kaputt gemacht wird. Schon gar nicht, wenn es sich um unseren Glauben, um unser Gottesbild handelt. Und doch ist die Bibel voll davon, voll von Erfahrungsberichten, in denen Gottesbilder zu Bruch gegangen oder den Menschen abhanden gekommen sind. Jona musste feststellen: Aus dem unnachsichtigen Gott ist ein nachsichtiger Gott geworden, denn Ninive ist nicht untergegangen, es besteht fort. Und es gibt Erfahrungsberichte, die genau die umgekehrte Entwicklung zeigen: Da ist aus dem gnädigen und lieben Gott plötzlich ein zorniger und eifernder Gott geworden. Jerusalem, seine heilige Stadt wird erobert, der Tempel zerstört, das Volk Israel aus dem Lande getrieben und ins Exil schickt. Wo Gottesbilder zerstört werden, zerplatzen mit ihnen auch die Wunschträume und Sehnsüchte, die Menschen mit ihnen verbunden haben. Über den Trümmern zerbrochener Hoffnungen tritt dann eine Wirklichkeit in Erscheinung, die mitunter völlig anders ist, als es sich die Menschen erträumt haben. Der Sohn Gottes stirbt ohnmächtig am Kreuz - wie soll dies ins Bild eines allmächtigen Gottes passen? Der Messias ein Zimmermannssohn aus Nazareth - für viele seiner Zeitgenossen ein absurder Gedanke. Ein Vatergott, der seinen eigenen

Sohn opfert, für viele Humanisten bis heute eine unzumutbare Vorstellung. Und doch belegen diese Beispiele: Gottesbilder müssen nicht Auswüchse menschlicher Phantasie sein. Sie können mitunter so anstößig sein, dass sie gerade deswegen über jeden Verdacht erhaben sind, bloße Produkte des menschlichen Geistes zu sein. Gottesbilder zerbrechen nicht nur in der Bibel, sondern auch im Leben. Auch dort werden wir mit Gottesbildern konfrontiert, die der reinen Vernunft widersprechen und unserer Sehnsucht widerstreiten. Sie sind damit ein Hinweis darauf, dass hinter den Bildern und Vorstellungen doch noch eine Wirklichkeit steckt. Ein Gott, der sehr anders sein kann, als wir es uns erträumen, der sehr anders handeln kann, als wir es uns wünschen. Der aber gerade auf diese Weise über die Güte derjenigen Bilder wacht, die wir Menschen uns von ihm machen. Bei manchen Hausbesuchen habe ich Menschen angetroffen, die erzählten mir von einem Herrgott, der ihnen selbst und ihren Überzeugungen verteufelt ähnlich sah. Sie geben dem Original-Gott Anlass, die selbstentworfenen Bilder immer wieder zu verwerfen. Denn das Original wacht darüber, dass wir Menschen es mit unseren Bildern nicht entstellen und dass wir uns in unseren Bildern am Ende nicht selbst anbeten. Gott will offenbar nicht zum Handlanger unserer Wünsche und zum Abziehbild unserer Träume werden. Wir können ohne Bilder von Gott nicht sein. Aber ob es ein Bild sein wird, das ihm wirklich gleich ist, darüber entscheidet das Original selbst. Manchmal passt Gott in das Bild, das wir von ihm haben. Zuweilen aber kann es passieren, dass Gott - wie bei Jona geschehen - unser Bilder von ihm sprengt. AMEN.

Der Glaube an Gott - nur ein Gewitter im Gehirn?

Aus der Apostelgeschichte des Lukas, Kapitel 9:

> *Paulus aber schnaubte noch mit Drohen und Morden gegen die Jünger des Herrn und ging zum Hohenpriester und bat ihn um Briefe nach Damaskus an die Synagogen, damit er Anhänger des neuen Weges, Männer und Frauen, wenn er sie dort fände, gefesselt nach Jerusalem führe. Als er aber auf dem Wege war und in die Nähe von Damaskus kam, umleuchtete ihn plötzlich ein Licht vom Himmel; und er fiel auf die Erde (…) Die Männer aber, die seine Gefährten waren, standen sprachlos da; denn sie sahen niemanden. Saulus aber richtete sich auf von der Erde; und als er seine Augen aufschlug, sah er nichts. Sie nahmen ihn aber bei der Hand und führten ihn nach Damaskus.*

I. Liebe Freunde, es gibt Hinweise darauf, dass der Apostel Paulus ein Epileptiker war. Offenbar litt er gelegentlich unter Anfällen, ausgelöst durch Störungen im Gehirn. Die Episode in der Apostelgeschichte lässt sich als eine solche Situation deuten. Einiges aus dieser Erzählung ist auch heute noch Menschen, die an Epilepsie leiden, vertraut. Denn einige wissen davon zu berichten, dass auch sie ein großes Licht gesehen haben und dass für sie von jetzt auf gleich alles ganz klar geworden sei. Es ist schon etwas Wahres dran an der Titelstory, die ein Nachrichtenmagazin zu Pfingsten brachte. Der Artikel stellte verschiedene Gestalten der Religionsgeschichte in einen Zusammenhang: den jüdischen Glaubenseiferer Saulus, der vor Damaskus zum Paulus wurde, den sibirischen Schamanen, der sich mit Rauschmitteln in Verzückungszustände versetzt, den afrikanischen Medizinmann, der in Trance zum Sprachrohr der Ahnen wird, den buddhistischen Mönch, der in tiefer Meditation eins wird mit allem, oder den islamischen Derwisch, der über den Tanz zur Ekstase findet. Allen ist gemeinsam, dass sie von einem religiösen Erlebnis ergriffen werden. Paulus erinnerte sich noch nach vierzehn Jahren daran, dass er einst entrückt wurde bis in den dritten Himmel und dass er dort Worte hörte, die unaussprechlich seien. Keine Frage: Paulus hat sein Erlebnis als Offenbarung empfunden. In seinen Briefen redet er davon, er habe den Herrn gesehen, Christus sei ihm erschienen, Gott habe ihm seinen Sohn offenbart. In einer Vision, in einer geradezu blitzartigen Erleuchtung, die so überwältigend war, dass er vom Reittier herunter auf die Erde fiel.

Doch der Magazin-Leser weiß es nun besser: Demnach habe Saulus keine Offenbarung gehabt, sondern bloß einen Anfall, eine Störung in einem Teil des Gehirns. Genauer: Im Schläfenlappen, oberhalb des linken Ohres. Hier vermuten nämlich so genannte Neurotheologen den Sitz des Gott-Moduls. Ein Neuronetzwerk, das etwas salopp als "Hotline zum Himmel" bezeichnet wird. Der Schläfenlappen war bislang nur bekannt als eine Hirnregion, in der die Sprache verarbeitet wird, in der Gesichter und Begriffe erkannt werden. Im Schläfenlappen wird der Welt gleichsam eine Bedeutung verliehen. Zugleich ist dieser Teil des Hirns besonders eng mit der Gefühlswelt verwoben. Was hier zur Verarbeitung gelangt, muss jedoch zuvor eine Pforte passieren, es muss durch den Hippokampus hindurch. Der Hippokampus ist eine Art Zensor. Er trifft eine Vorauswahl. Er filtert Eindrücke und Reize heraus, die aus dem Rahmen fallen, die nicht den gängigen Deutungsmustern entsprechen und dementsprechend als fremdartig bewertet werden. Wird nun durch eine Störung dieser Filter ausgeschaltet, strömen Eindrücke und Impulse in den Schläfenlappen, die von ihm nicht eindeutig interpretiert werden können. Er nimmt diese undeutlichen Impulse und Eindrücke als Erleuchtungen wahr, als Erweiterungen des Bewusstseins. Kurzum: Es kommt zu Halluzinationen, zu Erlebnissen, die für Visionen gehalten werden können. Daraus hat das Nachrichtenmagazin nun ziemlich steile Schlussfolgerungen gezogen. Es nahm diese neurologisch fundierten Forschungsergebnisse zum Anlass, alle religiös interessierten und veranlagten Menschen kurzerhand als hirnversehrt erscheinen zu lassen. Und zwar nicht nur diejenigen, die als Epileptiker Geschichte geschrieben haben sollen: Paulus, die Jungfrau von Orleans, der russische Schriftsteller Dostojewski oder der französische Maler van Gogh. Nein, der Artikel suggeriert, dass alle religiösen Menschen vom Schläfenlappen her gesteuert werden. Dieser Teil des Gehirns wurde denn auch flugs zum "Sitz Gottes" erklärt. Damit sei die moderne Hirnforschung nun Gott selber auf die Schliche gekommen. Warum immer noch der Glaube in der Welt grassiere, warum die Menschen auch noch im 21. Jahrhundert anfällig seien für den Glauben, ja warum es so aussehe, als sei Religion ein unaustilgbarer Bestandteil der menschlichen Natur - schon die Wortwahl rückt den Glauben in die Nähe einer ansteckenden Krankheit - , das alles lasse sich nun wissenschaftlich erklären. Gott sitzt im Schläfenlappen: ein Erkenntnistriumph der Wissenschaftlichkeit!

Diesen Schlussfolgerungen lässt sich jedoch einiges entgegensetzen:

Erstens: Es geht nicht an, Religiosität in die Nähe einer Krankheit zu rücken. Es gibt zwar eine Wechselwirkung zwischen Glauben und Körper. Der Glaube kann sich sehr förderlich auf die Gesundheit und das Wohlbefinden auswirken. Aber der Glaube wird dennoch nicht zu einem biologischen Phänomen. Wer dies behauptet, der gerät unweigerlich in eine Schieflage. Er verwechselt nicht nur Ursachen und Wirkungen miteinander. Er setzt sich vor allem dem Verdacht naturwissenschaftlicher Anmaßung und Selbstüberschätzung aus. Keine Wissenschaft kann allein das Leben und die Welt erklären. Auch nicht die Biologie. Versucht sie es dennoch, so verfällt die Biologie in einen Biologismus, in eine Ideologie, die den Menschen auf eine Bio-Maschine reduziert: Dann kranken Verbrecher hauptsächlich am Verbrecher-Gen und die, die nicht glauben, gelten als besonders gesund. So entsteht unter der Hand ein Bild, das der Vielschichtigkeit menschlichen Lebens nicht gerecht wird. Vielleicht ist das aber auch gewollt. Nämlich dann, wenn sich hinter solchen biologistischen Erklärungsmodellen eine böse Absicht verbirgt. Wollen Soziobiologen in der Zukunft die Gewalt in der Welt mit gentechnischen Mitteln ausschalten? Und soll dann auch dem immer noch "grassierenden, bislang unaustilgbaren" Glauben mit neurochirurgischen Eingriffen zu Leibe gerückt werden? Solche Träume totalitärer Menschheitsbeglückung machen Angst. Aber selbst wenn man die Polemik außen vor lässt, stellen sich Fragen: Nämlich ob Religiosität nicht weit mehr umfasst als bloß die großen Erlebnisse? Gibt es nicht weit häufiger ganz unspektakuläre Formen des Glaubens, die auch ihren Wert haben? Muss es wirklich das große religiöse Erlebnis sein, das mich zum Christen macht? Viele, vielleicht die meisten empfinden sich als religiöse Menschen, auch wenn sie kein Damaskus-Erlebnis aufweisen, eine Vision, noch nicht einmal ein bestimmtes Bekehrungserlebnis. Kirchen, die gerade in dieser Hinsicht von ihren Mitgliedern mehr erwarten, müssen sich fragen lassen, ob sie mit ihren Maßstäben den Neurotheologen von heute nicht indirekt in die Hände spielen. Wer das einschneidende Bekehrungserlebnis erwartet, die verzückte Ekstase als Ausdruck höchster Ergriffenheit zum Standard erklärt, der droht unauffällige Glaubensäußerungen abzuwerten und Religiosität in ein schiefes, angreifbares Licht zu rücken.

Eine zweite Anfrage: Stellt ein religiöses Erlebnis nicht mehr dar als eine rein neurologische Störung? Nicht alle Epileptiker sind schließlich religiös. Es muss offenbar noch etwas hinzukommen: So ist Paulus ja schon lange vor seinem Damaskus-Erlebnis ein gläubiger Mensch gewesen, ja sogar ein Eiferer für den

Glauben. Aufgewachsen und groß geworden in der Religion seiner Vorfahren, hatte er bereits einen religiösen Bezugsrahmen empfangen. Einen Rahmen, in den er dann das Erlebte hineinstellen und religiös interpretieren konnte. Es kam aber bei Paulus noch etwas anderes hinzu, buchstäblich von außen. Denn Paulus fand ja nicht die alten religiösen Überzeugungen seiner jüdischen Herkunft bestätigt. Paulus wurde vielmehr mit einer neuen religiösen Wirklichkeit konfrontiert, er traf vor Damaskus auf eine Wahrheit, die er zuvor noch für unmöglich gehalten hatte, unmöglich im Sinne von ‚unannehmbar'. Ihm wurde schlagartig klar, dass Jesus wirklich der neue Weg zu Gott ist, ein Weg, der grundlegend anders war als der, auf dem seine Vorfahren gewandelt waren. Dem Paulus hatte sich also in seinem Erlebnis noch etwas anderes vermittelt, etwas, das nicht aus ihm selber stammte. Dies lässt freilich einen kühnen Schluss zu: Dass ein epileptischer Anfall von Gott auch gebraucht und in seinen Dienst genommen werden kann. Gott schafft sich gleichsam ein Eingangstor: eine Tür, durch er zu einem Menschen kommen kann, ein Fenster, in dem er in Erscheinung tritt, eine Leitung, über die er von sich hören lässt. Nicht von ungefähr werden Epileptiker in vielen Religionen als Mittler geschätzt, sie gelten als Menschen, die über einen besonders guten Draht zu Gott verfügen. Was sie sehen, hören und erleben, das muss dann nicht zwangsläufig eine bloße Halluzination sein. Hier wird mehr als "reine Einbildung" vermutet.

Liebe Freunde, eine so genannte Neurotheologie kann nicht die Theologie ersetzen, naturwissenschaftliche Erklärungen können religiöses Verstehen nicht überspringen. Wie Religion entsteht, kann von der Biologie allein nicht erklärt werden. Was aber wissen wir von der Entstehung von Religion? Wir wollen dazu drei Einblicke nehmen in die Religionsgeschichte der Menschheit.

II. Wie entsteht Religion, wo und warum? Auf diese Fragen lassen sich viele Antworten geben. Ob jemand religiös ist und zu einem Gottesglauben kommt, das hängt oft von der eigenen Lebensgeschichte ab. Es hat zu tun mit bestimmten Erfahrungen, die man macht oder nicht macht, von Erkenntnissen und Einsichten, zu denen man kommt oder nicht kommt. Wie die Menschheit zur Ausbildung von Religionen gekommen ist, hängst ebenfalls mit ihrer Geschichte zusammen, mit menschlichen Urerfahrungen und Grundeinsichten. Schauen wir in die Menschheitsgeschichte, so müssen wir jedoch zugeben: Die Anfänge des religiösen Glaubens liegen weitestgehend im Dunkeln. So wie die Anfänge des menschlichen Lebens auch. Wann frühmenschliche Wesen angefangen haben, religiöse Gefühle zu entwickeln, wir wissen es nicht. Das spricht durchaus für die These, dass Menschsein und Religiosität von Anfang an zusammengehört haben. Die Ursprünge der Religion liegen bei den Ursprüngen menschlicher Kultur. Sie sind verbunden mit dem Entstehen eines menschlichen Bewusstseins, mit der Fähigkeit, "Ich" sagen zu können. Sie waren mit Sicherheit begleitet von der Einsicht, anders zu sein als die tierischen Lebewesen und getrennt zu sein von der übrigen Welt als einer Um-Welt.

Die ersten Zeugnisse für religiöses Bewusstsein stammen schon aus vergleichsweise jüngeren Phasen der Menschheitsgeschichte, aus der Steinzeit. Offenbar bestand der Glaube zunächst vor allem aus einer Ahnung. Voller Ehrfurcht nahmen Menschen die ungeheure Lebenskraft der Natur wahr. Zugleich sahen sie sich auch gewaltigen Zerstörungskräften ausgesetzt. Religion entstand im Staunen darüber, dass man mit vereinten Kräften das mächtige Tier bezwingen konnte. Bisons, Mammuts und Nashörner zeugen in Höhlenmalereien von der Kraft, die bezwingend wirkte und zugleich bezwingbar wurde. Religion entzündete sich an der Geburt eines Kindes, aber auch am jähen Tod eines Jagdgefährten, der in den reißenden Fluten umkam. Religion wurde zunächst ganz in der Gemeinschaft des Clans, der Sippe, wahrgenommen und gelebt. Gottheiten trugen noch keine personhaften Züge, sondern waren etwas Numinoses, verborgen waltende und doch überaus wirkungsvolle Mächte. Die Religion der Steinzeit war bezogen auf die Erde, auf den Boden, auf die fruchtbaren und ehrwürdigen Kräfte der Mutter Natur. Weibliche Statuetten verweisen darauf, dass alles Leben aus dem Mutterschoß der Erde entgegengenommen wurde. Erntedankfeiern waren und sind vermutlich die ältesten Feste der Menschheit. In ihrem Rahmen ging es darum, sich mit der Erde wieder versöhnen, der man als Ackerbauer mit dem Pflug große Wunden zugefügt und bei der Ernte die Früchte abgerungen hatte. Bestattungsfunde belegen, dass am Ende der Mensch bewusst in die Erde zurückgelegt wurde, damit alles zum Ursprung zurückkehre, „Erde zu Erde werde, Asche zu Asche, Staub zu Staub“. Auf Amuletten wurde immer wieder der große Kreislauf dargestellt, in dem man Werden und Gebären, Wachsen und Gedeihen, Vergehen und Sterben eingebettet sah.

Mit den ersten Hochkulturen der Menschheit veränderte Religion ihr Gesicht grundlegend. Nicht mehr die Natur war der erste Bezugspunkt, sondern die Kultur. Menschen machten sich Feuer und Rad zunutze, entwickelten neue Werkzeuge und

Waffen. Einige begannen, in Städten zu leben. Sie betrieben Ackerbau und Viehzucht planmäßig. Sie bauten Straßen und Kanäle zur Bewässerung der Felder. Religion war nicht mehr nur eine Ahnung. An ihre Stelle traten immer deutlicher die bewussten Erfahrungen, die in Ritualen und Regelwerken ihren Ausdruck fanden. Religion und Glaube gingen einher mit dem Staunen über die neuen, großartigen Möglichkeiten des Menschen. Über seine Phantasie, sein geistiges Vorstellungsvermögen, über seine Tat- und Gestaltungskraft. Woher kam das alles? Warum gelang dem Menschen so vieles? Zur Beantwortung dieser Fragen schauten die Menschen nicht mehr nur auf den Erdboden. Ihr Glaube ließ sie nun stärker hinauf zum Himmel blicken. In ihm nahm Gott allmählich Gestalt an. Der männliche Himmelsgott begann, die erdverbundene Muttergottheit zu verdrängen. Er wurde verehrt als Baumeister der Welt, als Schöpfer, der Licht und Finsternis, Himmel und Erde, Wasser und Land voneinander getrennt hatte. Er hatte das Chaos der Natur bezwungen und einen geordneten, kultivierten Kosmos entstehen lassen. Schöpfungsgeschichten erklären jetzt, warum die Menschen ihre Welt kultivieren und dass sie auch das Recht dazu haben. Denn sie empfinden sich nun als Mitarbeiter ihres Schöpfers, "nur wenig niedriger gemacht als Gott, mit Ehre und Herrlichkeit gekrönt“. Gott hatte wahrlich dem Menschen alles unter seine Füße getan" (Psalm 8). Dafür wurde der Schöpfer gelobt und gepriesen. Zugleich wussten Menschen darum, dass alles gefährdet blieb, anfällig blieb für die Zerstörung und den Verlust. Große Überschwemmungen konnten die Ernte vernichten, Kriege konnten die Städte zerstören, Krankheiten die Menschen massenhaft dahinraffen, Seuchen das Vieh töten. Das Chaos konnte jeden Augenblick wieder über die menschliche Zivilisation hereinbrechen. Darum sorgten jetzt eigens berufene Priester für einen geordneten Opferkult. Mit seiner Hilfe sollte das Wohlwollen der Götter gesichert werden, sollten Störungen in der Beziehung zwischen Himmel und Welt ausgeräumt und dauerhaft behoben werden.

Vor zweieinhalbtausend Jahren wurde dann eine neue Epoche in der Religionsgeschichte eingeläutet. Die Propheten Israels, Zarathustra in Persien, Buddha in Indien, Jesus in Palästina und Mohammed in Arabien, sie alle gehören zu einer neuen Gruppe von Stiftergestalten. Von jedem einzelnen gingen neue religiöse Impulse aus. Aus ihnen entstanden und schöpfen die großen Weltreligionen unserer Zeit: das Judentum, der Buddhismus, das Christentum, der Islam. Ausgehend von Einzelnen haben diese Religionen jeweils den einzelnen Menschen im Blick. Glaube existiert nicht mehr nur in einer Gemeinschaft, in einer Sippe oder unter Angehörigen eines einzigen Volkes. Die religiöse Botschaft der Weltreligionen richtet sich nun an Menschen in allen Völkern. Der Glaube wird universal und individuell zugleich. War der Glaube in frühester Zeit nicht mehr als eine Ahnung, später eine Erfahrung, so kommt er nun vor allem als Hoffnung, als Zuversicht zum Ausdruck. War der Glaube zunächst auf die Natur, dann auf die Kultur ausgerichtet, bezieht er sich nun auf die Geschichte, auf die im Großen sowie auf die Lebensgeschichte eines jeden Menschen. Denn jede Lebensgeschichte weist Brüche auf. Brüche, die durch Erfahrungen von Trennung, Schuld oder Tod entstanden sind. Menschen erfahren immer wieder Kränkungen und Ausgrenzung, Ablehnung und Gewalt. Sie erfahren aber auch das Gegenteil: unverhoffte Hilfe, unverdiente Nachsicht, überraschende Zuwendung und Heilung. Das Göttliche zeigt ein entsprechendes Gesicht. Gott wird sogar zur Person, um sich den Menschen zuzuwenden: Im Buddha wird er ein Lehrer, um anderen den Weg zur Erleuchtung zu weisen, für den Propheten Jesaja wird er zum Gottesknecht, der das Leiden der Menschen auf sich nimmt, in Jesus von Nazareth wird Gott Sohn, der in Wort und Tat Menschen ins Leben zurückholt. Vor allem Jesus zeigte den Menschen, wie Gott wirklich ist. Er holte Ausgestoßene in die Gemeinschaft zurück, die Kranken und die Ausgegrenzten, Sünder und Zöllner. Jesus zeigte in einzigartiger Weise, was Gott will, als er Menschen ihre Verfehlungen vergab, ihren Hunger nach Gott stillte und die Bruchwunden in ihrem Leben heilte. An seinem Geschick wird Menschen bis heute gezeigt, dass selbst der Tod, die größte Gottesferne, Gott nicht davon abhalten kann, Menschen ins Leben zurückzuholen. Nach dem verborgen waltenden und dem schöpferisch gestaltenden Gott wird in Jesus der entgegenkommende Gott sichtbar. Er geht auf Menschen in der tiefsten Verlassenheit zu und fügt sie wieder ein in den großen Zusammenhang alles Lebendigen. Darauf erstreckt sich die Hoffnung der Glaubenden. Schließlich zielt die Zuversicht des Glaubens auf das Große und Ganze: Am Ende wird Gott nicht bloß einer konkreten Lebensgeschichte entgegenkommen, sondern der ganzen Weltgeschichte. "Und der Tod wird dann nicht mehr sein, noch Leid noch Geschrei noch Schmerz wird mehr sein", so die großartige Offenbarung des Johannes, Kapitel 21.

Liebe Freunde, es ist also nicht allein die Biologie, die uns glauben lässt. So wichtig auch das Gehirn ist für unsere Wahrnehmung, für unsere Gefühle und Erkenntnisse. Ein Blick in die Religionsgeschichte der Menschheit zeigt: Es sind immer wieder Ahnungen, Erfahrungen und Hoffnungsschimmer, die uns ins Grübeln und im besten Fall zum Glauben bringen. Seit es Menschen gibt, wird gestaunt und sich entsetzt, wird gebangt und gehofft, wird geschaut und empfangen. Blicken wir auf den christlichen Glauben, so erkennen wir, dass wir alle Epochen der Religionsgeschichte aufgegriffen haben: Wir bauen auf den himmlischen Vater, den Schöpfer des Himmels und der Erde, wir setzen unsere Zuversicht in den Sohn, der unsere Lebensgeschichten heilt und zum guten Ende führt. Und wir ahnen, dass unsere Welt durchdrungen ist vom Geist des Lebendigen, der uns verbindet und erfüllt. AMEN.

Literaturhinweise:

Hotline zum Himmel, in: Der SPIEGEL 21/2001, S. 190-201

Karl-Heinz Ohlig, Religion in der Geschichte der Menschheit. Die Entwicklung des religiösen Bewusstseins, 2002

Der Glaube an die Wiedergeburt – die bessere Alternative?

Liebe Freunde, was nach dem Tode sein wird, kann niemand mit Sicherheit sagen. Verstorbene eignen sich nicht für die Berichterstattung. Denn wer tot ist, der verstummt. Wer dennoch etwas zu sagen hat, der war eben doch noch nicht über die allerletzte Schwelle hinweg gewesen. Worüber man reden kann, das ist freilich die Hoffnung, die man hat, die Hoffnung, von der gezehrt wird und mit der man einst auch über diese letzte Schwelle gehen möchte.

I. Jeder zweite im Lande hat allerdings keine Hoffnung, die über den Tod hinausreicht. Jeder zweite macht sich keine Illusion darüber, was ihn jenseits der Lebenslinie erwartet. Jeder zweite ist der Auffassung, dass mit dem Tode alles aus ist. Es wäre interessant, einmal der Frage nachzugehen, welche Folgen diese Hoffnungslosigkeit für das Leben schon im Hier und Jetzt hat. Doch wenden wir uns den anderen 50 Prozent zu. Sie rechnen damit, dass nach dem Tode noch etwas sein, noch etwas kommen wird. Sie hoffen, dass das Ende der Anfang von etwas Neuem sein wird. Wie der amerikanische Politiker und Naturwissenschaftler Benjamin Franklin, gestorben 1790. Franklin ließ sich auf seinen Grabstein eine selbst entworfene Inschrift meißeln. Diese Inschrift erinnert zum einen an seine beruflichen Anfänge als Buchdrucker. Zum anderen drückt sie seine persönliche Hoffnung aus. Die Inschrift lautet: "Hier ruht als Speise für die Würmer der Körper von Benjamin Franklin, gleich dem Deckel eines alten Buches, aus dem die Blätter herausgerissen sind und dessen Einband abgenutzt ist. Aber das Werk selbst wird nicht verloren sein, denn es wird wieder erscheinen, in einer neuen Auflage, durchgesehen und verbessert vom Verfasser."

Franklin hoffte also auf eine Neuauflage seiner selbst, "durchgesehen und verbessert vom Verfasser". Wann und wie die Neuauflage erscheint, das wird nicht so recht deutlich: Ist es die Neuauflage, die auferstehen wird am Jüngsten Tage zum Letzten Gericht? Oder ist es eine Auflage, die erneut ins irdische Leben tritt im Sinne einer Wiedergeburt? Auf Franklin können sich alle gleichermaßen berufen: all die 50 Prozent, die an eine Neuauflage glauben, wie auch immer diese aussehen mag. Die Hälfte von ihnen stimmt noch dem zu, was kirchliche Verkündigung unter christlichem Auferstehungsglauben versteht. Nämlich, dass jeder Christ Anteil erhält am Geschick Christi, dass er nach dem Tod wie Jesus von Gott einmal auferweckt werden wird. Die eine theologische Richtung vertritt dabei die Weiterexistenz der Seele bis zur Auferstehung, eine andere Richtung geht davon aus, dass sowohl Leib als auch Seele zerfallen. Auferstehung bedeutet dann, dass Gott dieses Menschen weiter gedenkt und ihn auferweckt in seiner alten Identität zu einem Leben in zeitloser Ewigkeit und in leidloser Seligkeit.

In den letzten Jahrzehnten hat dieser Auferstehungsglauben jedoch eine starke Konkurrenz erhalten. Einer Emnid-Umfrage aus dem Jahre 1997 zufolge glaubt ein Viertel der Deutschen, dass es eine Seelenwanderung mit Wiedergeburt gibt. Die Zahl ist erstaunlich. Denn die Glaubensgemeinschaften, die eine solche Lehre vertreten, sind zahlenmäßig klein und in der Öffentlichkeit von geringem Einfluss. Und doch hat die Zahl der Wiedergeburtsgläubigen die Zahl der Auferstehungschristen fast eingeholt, in den neuen Bundesländern inzwischen sogar überholt. Vor allem über die Medien haben sich Wiedergeburtsvorstellungen Zugang zum Bewusstsein der Menschen verschafft: Bücher aus der Psycho-Szene oder aus dem Esoterikladen, Zeitschriftenartikel und therapeutische Seminare, Kinofilme und Fernsehwerbung und selbst Kinderbücher wie die ‘Möwe Jonathan’ haben in den letzten Jahren Wiedergeburtsvorstellungen populär gemacht. Nicht zu vergessen ist auch der jetzige Dalai Lama, der als Wiederverkörperung eines buddhistischen Heiligen gilt. Der Wiedergeburtsglaube erfreut sich nicht nur bei religiösen Randgruppen einer wachsenden Zustimmung. Warum nicht wiedergeboren werden, fragen sich inzwischen auch Menschen, die sich dem christlichen Bekenntnis zugehörig fühlen und eine Kirchenbindung aufweisen. So kommt es vor, dass auf einer Trauerfeier der Pfarrer Trost zu spenden sucht auf Grund einer religiösen Überzeugung, die von den Hinterbliebenen nicht geteilt wird. Weil sie im Blick auf die Letzten Dinge eine ganz andere Glaubensauffassung vertreten. Wie aber sieht nun der Glaube an die Wiedergeburt aus? Was macht ihn aus, den neuen Glauben im Abendland?

Der Glaube an die Wiedergeburt, wie er hier bei uns von Menschen unserer Zeit vertreten wird, er hat in der Regel wenig gemein mit den traditionellen Lehren fernöstlicher Religionen. Der westliche Wiedergeburtsglaube macht zwar Anleihen aus dem Gedankengut des Hinduismus oder des Buddhismus. Aber er stellt doch meist einen ganz eigenen Typus dar. Wiedergeboren zu werden, das ist für ihn kein Fluch, keine peinvolle Qual, sondern stellt ein großartiges Geschenk dar. Dabei speist sich dieser Wiedergeburtsglaube aus drei Quellen: Er nimmt zunächst Beobachtungen aus der Natur auf. Die Kreisläufe der Natur weisen den immerwährenden Wechsel von Werden und Vergehen auf, von Sommer und Winter, von Saat und Ernte, von Ebbe und Flut. Alles scheint wiederzukehren. Die zweite Quelle ist der moderne Fortschrittsglaube: die Überzeugung, dass Leben immer nach einer höheren Entwicklung strebt, sofern es die Chance hat, aus Fehlern zu lernen. Für die Sterbeforscherin Elisabeth Kübler-Ross stellt das Leben eine Kette von Wiederholungen dar: Menschen können solange nicht in die nächste Klasse versetzt werden, bevor sie nicht alle Lektionen gelernt haben, die sie in diesem Leben lernen sollen. Leben, das ist für Kübler-Ross ein lebenslanges Lernen über den einzelnen Tod hinaus. Die dritte Quelle des westlichen Wiedergeburtsglaubens speist sich aus Berichten, die aus dem Grenzbereich menschlicher Erfahrungen stammen. Menschen berichten von ihren Erlebnissen, die ihnen im Zustand klinischen Totseins zuteil wurden. Andere lassen sich in Trance versetzen und vermitteln Begegnungen mit Verstorbenen. Oder Menschen erzählen unter Hypnose von Situationen, von Zeiten und Orten, die sie in früheren Leben einmal kennen gelernt haben wollen. Einflüsse dieser drei Quellen verbinden sich nun zur Überzeugung, dass dieses jetzt geführte Leben nur eines in einer langen Kette ist und dass das nächste Leben die Chance bietet, sich zu höherer Reife fortzuentwickeln.

Der westliche Wiedergeburtsglaube ist bei näherer Betrachtung Ausdruck einer konsequenten Religion des Ichs. Die asiatischen Religionen leiten dazu an, das eigene Ich aufzugeben, der westliche Wiedergeburtsglaube ist darauf aus, das Ich zu bewahren. Die Individualität und damit das Bestreben, das Ich des Einzelnen zu bewahren, sind ja in unserem Kulturkreis zum Höchstwert aufgestiegen. Bedroht wird dieses Ich in seinem Streben nach Selbstbewahrung und -verwirklichung vor allem durch eines: durch die Kürze des Lebens. So viele Möglichkeiten zu leben, gibt es, und so wenig Zeit, diese Möglichkeiten auszuschöpfen. Für unsere Vorfahren war das Leben oft noch ein mühevolles Jammertal. Der Moderne erscheint es eher als Spielwiese zur Entfaltung der eigenen Persönlichkeit. Der Glaube an die Wiedergeburt entlastet nun den einzelnen vom Druck, in einem einzigen Leben alles erleben, probieren und erreichen zu müssen. Der Glaube an die Wiedergeburt macht das Leben zu einem Spiel ohne Grenzen. Er erfreut sich aber noch aus einem anderen Grunde großer Beliebtheit. Der Glaube an die Wiedergeburt scheint das Bedürfnis nach einer gerechten Weltordnung im hohen Maße zu befriedigen: Wer Gutes getan hat, hat Anspruch auf Belohnung, wenn nicht in diesem, dann doch spätestens im nächsten Leben. Und wer Schlechtes tat, muss die Folgen spüren oder erhält die Chance zur Wiedergutmachung. Der Mensch erntet, was er zuvor selbst gesät hat, so lautet das Gesetz des Karma. Dieses Gesetz gilt automatisch. Da bedarf es keines Gottes mehr, der über Leben und Tod waltet. Der Sinn des Lebens besteht im Lernen und Vorwärtsschreiten. Das Böse ist nicht mehr als eine notwendige Lernerfahrung, das Leiden eine zwar harte, letztlich aber doch gute und wegweisende Schule. Der Glaube an die Wiedergeburt scheint also einige Vorteile zu bieten, er scheint ein Glaube zu sein, der für unsere Zeit wie geschaffen ist. Also dann: Auf Wiederleben!?

II. Liebe Freunde, die westliche Moderne hat sich im Wiedergeburtsglauben offenbar eine eigene Religion geschaffen. Das erste Gebot dieser Religion lautet: Jeder ist für sich selbst verantwortlich. Alles, was du tust, hat Folgen. Das zweite Gebot: Lebe so, dass Du im nächsten Leben auf eine höhere Stufe der Erkenntnis und der Reife gelangst. Es besteht nun kein Grund für uns Christen, darüber die Nase zu rümpfen und den Anhängern dieser neuen Glaubensrichtung mit dem Gestus der Besserwisserei zu begegnen.

Denn das Aufkommen und Gedeihen des Wiedergeburtsglaubens geht auch auf Schwächen und Versäumnisse des christlichen Glaubens zurück. Die kirchliche Verkündigung hat kräftig dazu beigetragen, dass Wiedergeburtsvorstellungen die Köpfe und Herzen von Menschen unserer Zeit so nachhaltig erreichen konnten. Zunächst zur Schwäche des christlichen Glaubens: Die christliche Kultur hatte einst eine Fülle von Vorstellungen über das Jenseits entwickelt. Ein Blick in die ‚Göttliche Komödie‘ von Dante zeigt, wie reich die religiöse Phantasie des Abendlandes an Bildern war, gerade wenn es darum ging, sich das Leben nach dem Tode auszumalen. Von faszinierender, packender Kraft sind auch die visionären Bilder eines Hieronymus Bosch. Dann kam die Reformation und mit ihr der kritische Geist des Protestantismus. Er ging daran, dieses imposante Gebäude zu zerlegen. Was nicht biblisch zu belegen war, wurde aussortiert: das Fegefeuer und die Vorhöllen. Dann folgte die europäische Aufklärung und entrümpelte noch einmal die mythologische Bilderkammer nach den Maßstäben der Vernunft. Die alten Vorstellungen vom Paradies, von Himmel und Hölle wurden mitsamt ihren Weltbildern für überholt erklärt und in der Folgezeit auch theologisch ausgemustert. Doch was blieb übrig - nach all den Säuberungsaktionen? Viele christliche Prediger reden oft nur noch sehr vorsichtig über das Leben nach dem Tod. Sie fürchten, Anstoß zu erregen oder für naiv gehalten zu werden. Ihre Sprache ist abstrakt geworden, unpoetisch, arm an Bildern. Die Aussagen wirken auf viele blass und schwammig, sie liefern kein Brot, an dem man kauen könnte. Die christliche Seelsorge ist ausgewichen auf die Bereiche von Sterbebegleitung und Trauerarbeit. Im Blick aber auf das, was eine Perspektive über den Tod hinaus bieten könnte, herrscht weithin Sprachlosigkeit. Über den Kanzeln scheint ein unausgesprochenes Phantasieverbot zu hängen, in den Kirchenbänken macht sich Unsicherheit breit. Dies führt uns zur christlichen Verkündigung und ihrem Versäumnis: Die Botschaft von der Auferstehung wird oft als Glaubenslehre verbreitet und weniger als Lebenshilfe. Den Hörern christlicher Verkündigung wird mit schöner Regelmäßigkeit mitgeteilt, dass Jesus Christus der erste von den Toten gewesen ist, der auferweckt wurde. Welche Konsequenzen aber diese Auferweckung für uns und unser Leben hat, bleibt in der Regel ungesagt oder ungewiss. Jedenfalls ist mit dem Hinweis auf die Auferweckung allein noch kein Bezug zum alltäglichen Leben hergestellt. Ein Bezug, der für die frühen Christen noch gegeben war. Ein Blick in die Briefe des Neuen Testamentes zeigt: Die ersten Gemeinden übten sich fleißig in der Kunst, ihr alltägliches Leben im Lichte der Auferstehung zu begreifen und zu gestalten. Für viele Menschen heute bleibt hingegen die Auferstehung ein Abstraktum, ein abgehobenes Lehrstück, unkonkret und letztlich ohne Belang. Wir Kirchenchristen haben also wenig Grund, den Stab über die zu brechen, die den Trost und die Hoffnung anderswo suchen. Mit ihnen haben wir vielmehr ein Gespräch zu führen, gleichsam einen interreligiösen Dialog. Zum Dialog gehört es, den anderen erst einmal ernst zu nehmen. Das bedeutet, den Wiedergeburtsglauben nicht von vornherein als pseudoreligiöses Wunschdenken abzutun. Es bedeutet auch, in diesem Glauben Antworten zu sehen, die sich die westliche Moderne auf die letzten Fragen zurechtgelegt hat.

III. Es ist müßig, mit Vertretern des Wiedergeburtsglaubens darüber zu streiten, was wirklich nach dem Tode kommen wird und wer eher Recht hat. Es lässt sich trefflich darüber spekulieren, wo denn die vielen Seelen bleiben, wenn in den nächsten Jahrzehnten die Zahl der Weltbevölkerung sinken sollte. Und auch das Problem, warum sich so wenig Menschen an ihr vorheriges Leben erinnern können, obwohl sie doch aus ihm lernen sollen, wird sich nicht abschließend klären lassen. Interessanter erscheint die Frage, welche ‚Nebenwirkungen' mit dem Glauben an die Wiedergeburt verbunden sind. Was kauft man sich mit ein, wenn man sich auf Seelenwanderung, Karma und dergleichen einlässt? Einige Antworten auf diese Fragen sind einer

Geschichte zu entnehmen, die sich im Johannes-Evangelium, Kapitel 9, findet. Sie erzählt in ihrem Grundbestand, wie Jesus unterwegs auf einen Menschen trifft, der blind geboren war.

> *Da fragten seine Jünger Jesus und sprachen: Meister, wer hat gesündigt, dieser oder seine Eltern, dass er blind geboren ist? Jesus antwortete: Es hat weder dieser gesündigt noch seine Eltern, sondern es sollen die Werke Gottes offenbar werden an ihm. Als er das gesagt hatte, spuckte Jesus auf die Erde, machte daraus einen Brei und strich den Brei auf die Augen des Blinden. Und er sprach zu ihm: Geh zum Teich Siloah und wasche dich! Da ging er hin und wusch sich und kam sehend wieder.*

„Meister, wer hat hier gesündigt, wer ist dafür verantwortlich, dieser oder seine Eltern, dass er blind geboren ist?" In dieser Frage der Jünger steckt eine Unterstellung: Nämlich, dass es sich bei der Blindheit um eine Art Strafe handelt. Die Strafe für ein Vergehen, das auf das Konto der Eltern geht. Oder die Strafe für etwas, was der Sohn selbst zu verantworten hat. Es ist nicht sicher, ob hier auf Verhängnisse angespielt wird, die aus früheren Leben herrühren. Solche Vorstellungen sind der Bibel eigentlich fremd. Aber ein Vertreter der Wiedergeburt hätte wohl keine Schwierigkeiten damit, sie in diesem Sinne zu lesen und die angeborene Blindheit auf ein vorangegangenes Leben zurückzuführen: Was der Mensch erntet, das hat er zuvor selbst gesät. Damit eröffnet sich ein breites Feld für Spekulationen: Ist der Junge bestraft worden, weil er im früheren Leben etwas Böses getan hat? Hat er einem anderen Lebewesen mutwillig das Augenlicht genommen, so dass er nun Gleiches zu erdulden hat? Oder haben seine Eltern etwas getan, für das sie zu büßen haben? Stellt der blinde Junge eine Art Bewährungschance dar, ist seine Betreuung für die Eltern so etwas wie eine Möglichkeit zur Wiedergutmachung? Spätestens jetzt merken wir, wie sich die Spekulationen allmählich zwischen uns und den blinden Jungen stellen, wie dieser konkrete Mensch mit seiner Blindheit im Nebel der Mutmaßungen verschwindet. Nicht sein jetziges Leben beschäftigt uns, sondern ein anderes Leben. Nicht die tatsächliche Gegenwart steht im Fokus der Aufmerksamkeit, sondern die mutmaßliche Vergangenheit. Jesus entzieht sich dieser Tendenz vehement. Er schmettert die Frage seiner Jünger ab: Es hat weder dieser gesündigt noch seine Eltern, sondern es sollen die Werke Gottes offenbar werden an ihm. Jesus lenkt den Blick zurück auf den Jungen, der vor ihm steht. An Gründen für dessen Blindheit zeigt er sich nicht interessiert. Für Jesus zählt nicht, was sich ein Mensch möglicherweise selbst verbaut haben könnte, sondern es zählt das, was sich ihm noch eröffnen kann. Die mutmaßliche Vergangenheit ist für ihn kein Thema, wohl aber die mögliche Zukunft: die Werke Gottes sollen offenbar werden. Für Jesus liegt also der Sinn des Daseins nicht im Abarbeiten der Vergangenheit. Ein Mensch ist nicht der Sklave seines Karmas. Er ist vielmehr ein Kandidat für ‚das Werk', mit dem Gott die Macht des Schicksals durchbrechen kann. Jesus spuckt auf den Boden, bereitet den heilenden Brei und eröffnet dem Jungen eine neue Perspektive. Ein konsequenter Vertreter des Wiedergeburtsglaubens könnte damit durchaus seine Schwierigkeiten haben. Denn diese Heilung könnte ja die notwendigen Lernerfahrungen verhindern, sie könnte den Jungen oder seine Eltern vom Weg der Reifung bzw. der Bewährung abbringen. An dieser Stelle muss sich der Glaube an die Wiedergeburt die Frage gefallen lassen, ob er nicht eine problematische Nebenwirkung aufweist. Er muss sich fragen lassen, ob er nicht am Ende ein sehr unbarmherziger Glaube ist: ein Glaube, der das Leiden nur erklären, aber nicht überwinden möchte, ein Glaube, der die Menschen an ihrer Vergangenheit behaftet und der blind wird für Möglichkeiten der Lebenswende. Hier rühren wir an entscheidende Fragen: Wie viel Freiheit gewährt mir mein Glaube, in welche Abhängigkeiten führt er mich? Und wie viel Hoffnung spendet er, wie viel an Hoffnung untersagt er mir? Jesus hat den Blindgeborenen seinem Schicksal nicht überlassen. Er hat sich ihm zugewandt, weil er die Behinderung nicht bloß interpretieren wollte, Jesus wollte intervenieren. Und dieser Interventionswille nährt die Hoffnung, dass nichts unabänderlich ist.

Der Glaube an die Wiedergeburt und der Glaube an die Auferstehung: Welches der bessere, der lebensdienlichere ist, das entscheidet sich nicht erst im Leben nach dem Tod, sondern schon jetzt, im Leben vor dem Tod. Es entscheidet sich an unserem Wollen und Hoffen. Eine Welt, die immer nur erntet, was sie gesät hat, wird einer echten Verbesserung kaum fähig sein. Sie wird vielmehr die Tendenz haben, herbeigeführte Missstände für gerechtfertigt zu halten. Das Karma kennt keine Gnade. Eine Welt jedoch, die um Gnade weiß, die auch mal erntet, was sie nicht gesät hat, und sät, was sie dann nicht ernten muss, eine solche Welt wird sich mit Missständen nicht zufrieden geben. Sie wird vielmehr im Lichte der Auferstehung an ihre eigene Verbesserbarkeit glauben und sich öffnen für die Werke Gottes, die an ihr offenbar werden sollen. AMEN.

Literaturhinweise:

Rüdiger Sachau, Weiterleben nach dem Tod? Warum immer mehr Menschen an Reinkarnation glauben, 1998 (stellt den westlichen Wiedergeburtsglauben dar)

Werner Thiede, Die mit dem Tod spielen. Okkultismus-Reinkarnation-Sterbeforschung, 1994 (setzt sich auch mit paranormalen Phänomen auseinander)

Reinhart Hummel, Reinkarnation. Der Glaube an die Wiedergeburt, 1999 (stellt die Voraussetzungen im Buddhismus und Hinduismus vor)

Gläubige Aufklärung –
Wie stichhaltig sind von Dänikens Göttertheorien?

Liebe Freunde, wer am Mittwochabend RTL2 einschaltet, hat die Gelegenheit, mit einem amerikanischen Stargate-Kommando in fremde Welten zu reisen. Wir im alten Europa dürfen zuschauen, wie diese tapferen US-Truppen den Kampf aufnehmen gegen das Böse, nämlich gegen die ägyptische Götterwelt: Sie kämpfen gegen Ra und Apophis, gegen Mot und Anubis. Unterstützt werden sie gelegentlich von germanischen Gottheiten wie Wotan und Thor. Die Drehbücher dieser Fantasy-Abenteuerserie sehen nämlich vor, dass all diese Götter in Wirklichkeit außerirdische Wesen sind. Während hinter den germanischen Götternamen gute Aliens stecken, verbergen sich hinter den ägyptischen Gottheiten bösartige Wesen. Sie verschleppen Menschen durch so genannte Sternentore auf andere Planeten, um sie dort zu versklaven. Im Namen der westlichen Wertegemeinschaft führen nun die amerikanischen Sternentor-Kommandos vor allem einen Aufklärungskrieg: Sie versuchen den zerstreuten Menschensklaven auf anderen Planeten klar zu machen, dass ihre Idole keine verehrungswürdigen Gottheiten sind, sondern machtgierige Gewaltherrscher.

Die Götter bei Erich von Däniken sind da vergleichsweise harmlos. Sie kamen, wie es heißt, von fernen Sternen, um aus primitiven Affen intelligente Menschen zu schaffen. Sie kamen, um auf der Erde entwicklungsfähige Zivilisationen zu begründen. Erich von Däniken wird seit Jahrzehnten nicht müde, immer neue Belege für diese Thesen anzuführen. Er bereiste die ganze Welt und fand in Tempelanlagen und Grabstätten, an Statuen und in Inschriften immer nur das eine: den klaren Beweis für außerirdischen Besuch in grauer Vorzeit. Däniken las sich ein in alte Mythen der Völker, er beschäftigte sich mit den heiligen Schriften der Religionen und fand immer nur das eine: den eindeutigen Beleg dafür, dass alle Erscheinungen und Offenbarungen, jedes Wunder und jede Weisung von oben nur auf eine Gruppe zurückgehen kann, nämlich auf Raumschiffkommandos von fernen Welten. Für Däniken und seine Mitstreiter ist es erwiesen, dass Menschen in früheren Zeiten viel zu primitiv und technisch rückständig waren, um von sich aus und ohne außerirdische Hilfe kulturelle Höchstleistungen zu erbringen: nämlich Großbauten zu errichten, genaue Kalender zu berechnen, Landkarten zu erstellen und mit elektrischem Strom zu hantieren. Dass Archäologen längst das Gegenteil gezeigt haben, stört Däniken nicht. Genauso wenig stört es seine Anhänger, dass die Außerirdischen trotz ihres überlegenen Entwicklungsstandes merkwürdigerweise nur über Technologien verfügen, die Kinder des 20. Jahrhunderts sind: Hubschrauber, Atombomben, Funkgeräte. Sollte letzten Endes auch Däniken ein typisches Kind des 20. Jahrhunderts sein? Immerhin fallen die Anfänge seiner Popularität mit der Mondlandung 1969 zusammen. Das Mondfahrtprogramm hatte damals weltweit eine große Euphorie ausgelöst. Der Weltraum schien plötzlich zum Greifen nah. Raumschiffe wie Orion oder Enterprise machten sich im Fernsehen auf, in unendlichen Weiten Welten zu entdecken, "die nie zuvor ein Mensch gesehen hat." Zudem machten Spekulationen um den Absturz eines UFO's im Westen der USA die Runde. Man war bereit, "zu glauben". Zu glauben, dass wir im Weltall nicht alleine sind und dass eine "Unheimliche Begegnung der dritten Art" ins Haus steht. Seitdem erhoffen sich die einen vom Kontakt mit außerirdischen Wesen segensreiche Folgen für das Leben auf der Erde, andere wittern dagegen eine Gefahr für die Menschheit und erwarten die große Invasion am "Independance Day". Bislang haben jedoch bloß ET und Alf Eroberungen aufzuweisen: die heimischen Kinderzimmer.

Für Erich von Däniken hat der erste Kontakt längst stattgefunden. Schon von Anfang an sah er auch in biblischen Überlieferungen stichhaltige Belege vorliegen. Vor allem der Prophet Hesekiel mit seinen Himmelsfahrten scheint eine dankbare Quelle zu sein. Immer wieder wird Hesekiel als Kronzeuge für außerirdische Kontaktaufnahmen aufgerufen. Und es ist nicht von der Hand zu weisen, dass Dänikens Erklärungen sich schlüssiger lesen lassen als viele Kommentare der alttestamentlichen Bibelwissenschaft. Überhaupt wird der Däniken-Leser immer wieder überrascht von ungewöhnlichen Textbeobachtungen, von originellen Fragen und - von unerwarteten Bekenntnissen. Wer nämlich glaubt, dass Däniken Gott, Glauben und Religion für erledigt hält, liegt falsch. Däniken hat - verstärkt in den letzten Jahren - immer wieder der Religion gegenüber seine Hochachtung zum Ausdruck gebracht. Er legt Wert auf die Feststellung, mit seinen Thesen keine Ersatzreligion begründen zu wollen. Däniken gibt zu, er glaube durchaus an Gott, er bete sogar jeden Tag und sei gläubig, allerdings nicht leichtgläubig. Däniken und seine Verfechter unterscheiden streng zwischen dem wahren Gott und den falschen Göttern. Der wahre Gott ist für sie die Macht, auf die der Urknall zurückgeht, der Anfang von allem. Der wahre Gott ist für sie der unendliche Schöpfergeist, ein fehlerloses, zeitloses, in seiner Schöpfung allgegenwärtiges und allmächtiges Wesen. Dieses vollkommene Wesen finden sie allerdings im überwiegenden Teil der religiösen Überlieferungen nicht wieder. Auch und gerade der Gott des Alten Testaments entspreche ihm nicht: Er ist weder allmächtig noch allgegenwärtig. Er ist weder fehlerlos noch gütig. Er straft, zeigt Reue, er lässt mit sich handeln, er tut ohne Grund Böses. Gott hält es zudem mit dem Betrüger Jakob und mit dem Mörder Moses. Er selber verlangt blutige Opfer, und die Gottessöhne wollen Sex von den Menschentöchtern. Und wenn Gott erscheint, dann wirbelt er Staub auf, lässt die Erde erzittern, lärmt und blendet die Menschen. Als ob eine mächtige Raumfähre mit Triebwerken und eingeschalteten Landeleuchten aufsetzt. Das alles, so Däniken, vertrage sich nicht mit dem allgegenwärtigen, allmächtigen und fehlerlos-gütigen Schöpferwesen, das Däniken ehrfurchtsvoll ES nennt. Während ES vollkommen ist, stößt sich Däniken an den Widersprüchlichkeiten des biblischen, vor allem des alttestamentlichen Gottes. Damit zieht er das Interesse derer auf sich, die ebenfalls Anstoß nehmen an einem Gott, der den Israeliten befiehlt, beim Auszug aus Ägypten der Bevölkerung noch schnell den Schmuck zu rauben. Däniken findet Gehör bei denen, die mit einem Gott nicht klar kommen, der Israel einen Völkermord an den Amalekitern befiehlt und seinen eigenen Sohn einen brutalen Tod sterben lässt. Däniken bietet allen, die das Elend in der Bibel mit einem gütigen und gerechten Gott nicht in Einklang bringen können, eine radikale Lösung an: Dieser Gott sei kein Gott, sondern sein Werk gehe in Wahrheit auf außerirdische Astronauten und ihre Interessen zurück. Damit werden die Widersprüchlichkeiten und Anstöße jedoch nicht aufgelöst, sondern wegerklärt. Ist diese Radikallösung haltbar? Und muss man sich ihr zwangsläufig anschließen? Die Erzählung vom Untergang Sodoms und Gomorras bietet die Möglichkeit, die Probe aufs Exempel zu machen.

Wir finden im 1. Buch Mose, Kapitel 19, die Geschichte, die erzählt, wie die Städte Sodom und Gomorra untergingen und wie Lot mit seinen Töchtern gerettet wurde. Die Geschichte beginnt damit, dass zwei Engel nach Sodom kommen und Lot ihnen Gastfreundschaft gewährt.

> *Da kamen zwei Engel nach Sodom am Abend; Lot aber, der Neffe Abrahams, saß zu Sodom unter dem Tor. Und als er sie sah, stand er auf, ging ihnen entgegen und neigte sich bis zur Erde und sprach: Siehe, liebe Herren, kehrt doch ein im Hause eures Knechts und bleibt über Nacht; lasst eure Füße waschen und brecht frühmorgens auf und zieht eure Straße. Aber sie sprachen: Nein, wir wollen über Nacht im Freien bleiben. Da*

nötigte er sie sehr, und sie kehrten zu ihm ein und kamen in sein Haus. Und er machte ihnen ein Mahl und backte ungesäuerte Kuchen, und sie aßen.

Die Geschichte fährt fort, indem sie erzählt, wie verdorben ganz Sodom war: die Leute, Jung und Alt, sind gewalttätig, aber nicht nur das. Am Beispiel des homosexuellen Missbrauchs soll deutlich werden, wie verkehrt ihr ganzes Leben ist.

Denn ehe sich die Engel schlafen legten, kamen die Männer der Stadt Sodom und umgaben das Haus, jung und alt, das ganze Volk aus allen Enden, und riefen Lot und sprachen zu ihm: Wo sind die Männer, die zu dir gekommen sind diese Nacht? Führe sie heraus zu uns, dass wir uns über sie hermachen.

Lot beschließt, ihrem Begehren nicht nachzugeben. Er will die Gastfreundschaft um jeden Preis wahren und ist dafür sogar zum Äußersten bereit.

Lot ging heraus zu ihnen vor die Tür und schloss die Tür hinter sich zu und sprach: Ach, liebe Brüder, tut nicht so übel! Siehe, ich habe zwei Töchter, die wissen noch von keinem Manne; die will ich herausgeben unter euch, und tut mit ihnen, was euch gefällt; aber diesen Männern tut nichts, denn darum sind sie unter den Schatten meines Dachs gekommen. Sie aber sprachen: Weg mit dir! Und sprachen auch: Du bist der einzige Fremdling hier und willst regieren? Wohlan, wir wollen dich noch übler plagen als jene. Und sie drangen hart ein auf den Mann Lot. Doch als sie hinzuliefen und die Tür aufbrechen wollten, griffen die Männer hinaus und zogen Lot herein zu sich ins Haus und schlossen die Tür zu. Und sie schlugen die Leute vor der Tür des Hauses, klein und groß, mit Blindheit, so dass sie es aufgaben, die Tür zu finden.

Nachdem Lot mit knapper Not und mit wundersamer Hilfe seiner beiden Gäste dem Mob entkommen ist, eröffnen ihm die beiden Engel, dass Gott den Untergang von Sodom und Gomorra beschlossen habe und es für ihn und seine Familie ein Entkommen gibt.

Und die Männer sprachen zu Lot: Hast du hier noch einen Schwiegersohn und Söhne und Töchter und wer dir sonst angehört in der Stadt, den führe weg von dieser Stätte. Denn wir werden diese Stätte verderben, weil das Geschrei über sie groß ist vor dem HERRN; der hat uns gesandt, sie zu verderben. Da ging Lot hinaus und redete mit den Männern, die seine

Töchter heiraten sollten: Macht euch auf und geht aus diesem Ort, denn der HERR wird diese Stadt verderben. Aber es war ihnen lächerlich.

Das Strafgericht Gottes bricht herein, Eile ist geboten.

Als nun die Morgenröte aufging, drängten die Engel Lot zur Eile und sprachen: Mach dich auf, nimm deine Frau und deine beiden Töchter, die hier sind, damit du nicht auch umkommst in der Missetat dieser Stadt. Als er aber zögerte, ergriffen die Männer ihn und seine Frau und seine beiden Töchter bei der Hand, weil der HERR ihn verschonen wollte, und führten ihn hinaus und ließen ihn erst draußen vor der Stadt wieder los. Und als sie ihn hinausgebracht hatten, sprach der eine: Rette dein Leben und sieh nicht hinter dich, bleib auch nicht stehen in dieser ganzen Gegend. Auf das Gebirge rette dich, damit du nicht umkommst! (...) Da ließ der HERR Schwefel und Feuer regnen vom Himmel herab auf Sodom und Gomorra und vernichtete die Städte und die ganze Gegend und alle Einwohner der Städte und was auf dem Lande gewachsen war. Und Lots Weib sah hinter sich und ward zur Salzsäule. Abraham aber machte sich früh am Morgen auf an den Ort, wo er vor dem HERRN gestanden hatte, und wandte sein Angesicht gegen Sodom und Gomorra und alles Land dieser Gegend und schaute, und siehe, da ging ein Rauch auf vom Lande wie der Rauch von einem Ofen.-

Nicht nur für Erich von Däniken und seine Mitstreiter wirft der Text etliche Fragen auf: Warum wurden Sodom und Gomorra wirklich zerstört? Sollten ein paar homosexuell verlangte Leute der Grund für dieses fürchterliche Strafgericht gewesen sein? Warum musste Gott mit Hilfe von Engeln die Lage in Sodom erst prüfen? Weiß Gott nicht alles von alleine und im Voraus? Wer waren die Engel wirklich? Und warum musste sich Lot so beeilen? Konnte Gott mit der Bestrafung nicht warten? Warum hatte Gott mit Lot Mitleid, mit den anderen aber nicht? Ist dieses Strafgericht vereinbar mit einem gütigen, liebenden Gott?

"Uns aufgeklärten Kindern dieser Zeit fällt es schwer, einen allgütigen Vater zu denken, der unter zahllosen anderen so genannte Lieblingskinder bevorzugt, wie eben die Familie Lot," stellt Däniken fest. Ihm und seinen Anhängern erscheinen auf die gestellten Fragen nur folgende Antworte plausibel: Sodom und Gomorra wurden von Außerirdischen zerstört. Däniken führt als Motiv eine eugenische Maßnahme an: Die

Außerirdischen wollten eine missratene Menschenbrut ausrotten. Andere vermuten, das Siedlungsgebiet von Sodom und Gomorra sei für Atombombenversuche genutzt worden. Die totale Vernichtung vom Himmel her weise ebenso auf einen Atomschlag hin wie der Vergleich mit dem aufsteigenden Dampf eines Schmelzofens: Er sei in Wirklichkeit der Rauchpilz einer Kernexplosion gewesen. Die Engel bildeten dementsprechend einen außerirdischen Erkundungstrupp. Zugleich hatten sie die Aufgabe, Lot und seine Familie zu retten. Denn Lot war ja ein Neffe Abrahams, der wiederum mit den Außerirdischen einen Bund geschlossen und unter ihrer Protektion gestanden habe. Und Lot musste sich deshalb so beeilen, weil längst der Countdown lief, den auch die Engel nicht mehr stoppen konnten. Soweit die Deutung von Däniken. Eine besondere Rolle spielt noch ein biblischer Texteinschub. In ihm wird erzählt, dass Lot im letzten Moment sich lieber in die kleine Stadt Zoar retten wollte als ins Gebirge. Die Bemerkung Gottes, solange Lot nicht in der Stadt sei, könne er nichts tun, wird als ein Indiz dafür verstanden, dass selbst dem Allmächtigen offenbar die Hände gebunden waren und der Allmächtige somit eben nicht allmächtig war.

Obwohl Däniken und seine Mitstreiter ihre Deutung für "plausibel, einleuchtend und zeitgemäß" halten, möchte ich eine andere Deutung zur Diskussion stellen. Eine Deutung, die ohne Außerirdische und Atombombentests auskommt. Meine Deutung geht davon aus, dass die Erzählung kein Erlebnisbericht ist. Der Untergang von Sodom und Gomorra war längst Geschichte, als unsere Geschichte in die Bibel gelangte. Am Anfang der Lot-Geschichte standen zunächst Beobachtungen und Erfahrungen: Man wusste von einer Katastrophe, bei der einmal ganze Siedlungen im Jordantal untergegangen waren. Die Gegend war und ist bis heute weitgehend verödet. Und wie einst Abraham, sahen damals die Menschen auf alles Land in der Gegend, und siehe, da ging ein Rauch von dem Lande wie der Rauch vom Schmelzofen. Denn noch immer drangen beißende Gasdämpfe aus der Erde, noch immer roch es am Südufer des Toten Meeres verdächtig nach Schwefel und Petroleum. Wir wissen heute: Es handelt sich um Spuren eines schweren Erdeinbruchs im Jordangraben. Diese Nahtstelle wurde in größeren Zeitabständen immer wieder von Beben heimgesucht. Westlich vom Südufer hat der Regen zudem einige Salzblöcke ausgewaschen. Einige von ihnen stehen aufrecht wie Statuen. Und manche Säule erinnert an eine erstarrte Gestalt. Das waren die Ausgangsfakten unserer Erzählung: das Wissen um eine fürchterliche Vernichtungskatastrophe, dazu Gas und Schwefel sowie seltsame Salzsäulen. Für die Menschen in biblischer Zeit gab es dafür nur eine Erklärung, die Sinn machte: Hier muss Gott ein ganz furchtbares Strafgericht durchgeführt haben. Eine rein natürliche Erklärung stand ihnen nicht zu Gebote. Und dass Gott die Bösen straft, das war für sie eine ganz unbestrittene Erfahrung. Sie half, tagtäglich die eigene Pein auszuhalten und fremdes Leiden zu verstehen. Daneben gab es aber noch eine andere religiöse Erfahrung: Nämlich dass Gott gnädig und barmherzig ist, dass er die Vorväter Israels immer wieder bewahrt und errettet hat. Selbst dann, wenn diese Vorväter nicht unbedingt ein Muster an Gottesfurcht waren und keineswegs immer beispielhaft handelten. Wäre Gott nur ein konsequent gerechter und strafender Gott, würde es mit Sicherheit kein Gottesvolk mehr geben und vermutlich auch keine Menschheit mehr. Wie aber bringt man nun diese beiden gegensätzlichen Gotteserfahrungen zusammen? Wie lässt sich die Erfahrung eines offenbar zürnenden Gottes mit der Erfahrung eines bewahrenden Gottes verbinden, noch dazu angesichts von Spuren, die von einer Untergangskatastrophe künden? Die Geschichte vom Untergang Sodoms und Gomorras sowie von der Rettung des Lot stellt nun die Lösung dieses theologischen Problems in erzählender Form dar. Gott ist gnädig und bereit zu vergeben. Daher macht er sich in seinen Engeln noch einmal ein Bild vom Treiben in der Stadt. Das Ergebnis ist niederschmetternd. Und doch wäre Gott bereit, seine Güte über den Zorn zu stellen, wenn sich 10 Gerechte in der Stadt aufhielten. Es waren aber am Ende nur Lot und seine kleine Familie, nicht einmal die Verlobten der Töchter. Jetzt schlägt die Stunde für Gottes Gerechtigkeit: Er lässt nicht diejenigen ungestraft, die sich schlimmster Vergehen schuldig gemacht haben. So werden die Sodomiter als extrem gewalttätig und frevelhaft dargestellt. Ihr Untergang soll schon seine Richtigkeit haben. Das Strafgericht kommt plötzlich und unerwartet über die Stadt. Es ist nicht wie eine feindliche Streitmacht, die man von ferne herannahen sieht. Wer sich retten will, der muss sich spontan entschließen und sich beeilen. Lot und seine Töchter werden gerettet und stehen damit für alle Gottesfreunde, die auch inmitten des schlimmsten Umfeldes bewahrt werden vor den Negativfolgen eines verkehrten Lebens. In der bizarren Salzsäule erkennen spätere Betrachter die Frau Lots, die offenbar gegen das alte Verbot verstoßen haben muss, sich am Strafgericht Gottes zu weiden. Bleibt die Frage, warum die kleine Stadt Zoar verschont blieb. Zoar hatte doch auch Sünder unter seinen Dächern, aber verglichen mit Sodom war Zoar, wie der Name schon sagt, eine "Kleinigkeit". Der spätere Einschub begründet also die Verschonung der Stadt Zoar mit ihrem Namen und zugleich damit, dass ihr mit Lot derjenige den Vorzug gab, mit dem Gott seine Geschichte mit den Menschen fortschreiben wollte. Dieser Vorvater des zukünftigen Gottesvolkes musste erst in Sicherheit sein, bevor der Zorn Gottes losschlagen konnte. Damit die Heilsgeschichte weitergehen konnte, musste Gott warten. Auch dies ein Hinweis auf Gottes Gnade und Güte. So bringt die Erzählung zusammen, was für Erich von Däniken auseinanderfällt: den konsequent gerechten und den inkonsequent gnädigen Gott, den strafend-zornigen und den gütig-rettenden Herrn. Erich von Däniken möchte demgegenüber nur einen einseitigen Gott gelten lassen. In seinem bislang letzten Buch schreibt er: "Es wird eine Gottesgestalt geschildert, die Fehler macht, die sich irrt, die Reue empfindet, die zu blutigen Vernichtungsaktionen fähig und nicht zeitlos ist. All dies sind ungöttliche Attribute, die nicht zur Vorstellung von einem über den Dingen stehenden allwissenden Wesen passen."

Liebe Freunde, ich glaube nicht an dieses Wesen, das über allen Dingen steht. Denn ein solches Wesen, dieses ES, hat mit meinem Leben nichts zu tun. Ein träge in der Schöpfung herumwabernder Weltgeist geht mich persönlich nichts an. Es mag ein hehrer Gott für die Philosophen sein. Jedoch kein Gott für den, der es mit dem Leben in seiner ganzen Bandbreite zu tun hat. Mein Gott, an den ich glaube, ist ein Gott, der sich einmischt in das Leben der Menschen, der sich hineinbegibt in die Weltgeschichte und in unsere Lebensgeschichten. Davon erzählt nicht zuletzt auch die Weihnachtsgeschichte. Der Gott, der sich einmischt, begibt sich damit zugleich in die Widersprüchlichkeiten, die unsere Welt und unser Leben ausmachen. Gott taucht ein in die gegensätzlichen Erfahrungen, die wir Menschen machen und manchmal leider auch machen müssen: Erfahrungen, die unser Herz freudig springen lassen, aber auch Erfahrungen, die auf uns wie Bleigewichte lasten; Erfahrungen, die uns das Leben eröffnen, und andere, die uns alles zu verbauen scheinen; Erfahrungen, die wir mit Strafe, Prüfung und Ablehnung in Verbindung bringen, und die, in denen wir Rettung, Bewahrung und Annahme erkennen können. Dies alles mit Gott zusammenzubringen ist oft nicht einfach, das macht uns Mühe. Aber wie langweilig und lebensfern ist dagegen dieses vollkommene Wesen, an das Erich von Däniken glaubt. Es ist ein abstraktes Konstrukt ohne Namen und ohne Gesicht. Es hat nichts, an dem man sich reiben, aber auch nichts, an dem man sich wärmen könnte. Dieses ES hilft weder der Frau, die gerade ihre erwachsene Tochter verloren hat, noch dem, der vor einer schwierigen Entscheidung steht und sich nicht schuldig machen will. Sicher, unser Gott ist nicht allmächtig in dem Sinne, dass er alles verhindern könnte.

Er ist auch nicht allgütig in dem Sinne, dass wir vor allem verschont bleiben müssten. Gott ist gütig, wenn er uns vor dem Bösen bewahrt, Gott ist mächtig, wenn er uns im Bösen bewahrt. Was stärker wiegt, sein Gerechtigkeitssinn oder seine Barmherzigkeit, das ist mit Jesus Christus entschieden: Gott will nicht, dass der Sünder stirbt, sondern dass er den Weg zu ihm zurück findet. Und doch wird immer eine gewisse Spannung bleiben zwischen dem gerechten und dem liebenden Gott, zwischen dem eifernden und dem gütigen Herrn, zwischen dem, der das Böse nicht verhindert, und dem, der unverhofft aus Bösem Gutes werden lässt. Damit bleibt aber auch der Glaube spannend, so spannend wie das Leben selbst. AMEN.

Literaturhinweise:

Erich von Däniken, Die Götter waren Astronauten. Eine zeitgemäße Betrachtung alter Überlieferungen, 2001 (letzter Stand der "Götter-These")

ders., Strategie der Götter, 1982 (mit der Hesekiel-"Auslegung")

ders., Der Jüngste Tag hat längst begonnen, 1995 (zur "Rückkehr der Götter")

andere Verfechter der "Prä-Astronautik"-These:

Lars. A. Fischinger, Götter der Sterne. Bibel, Mythen und kosmische Besucher, 1997

Peter Krassa, Gott kam von den Sternen. Die phantastische Lösung der biblischen Rätsel, Neuauflage 2002

Zur Kritik an der „Prä-Astronautik"-These:

Markus Pössel, Phantastische Wissenschaft. Über Erich von Däniken und Johannes von Buttlar, Neuauflage 2000 (Kritik an der Gen-Manipulationsthese)

Andreas Grünschloß, Wenn die Götter landen... . Religiöse Dimensionen des UFO-Glaubens, EZW Texte 2000 Nr. 153 (Einordnung der "Prä-Astronautik" in die UFO-Szene)

Michael Kotsch, UFOs und Bibel? Die Irrtümer Erich von Dänikens, 2001 (Kritik und Widerlegung aus evangelikaler Perspektive)

Werner Keller, Und die Bibel hat doch Recht, 34. Auflage 2001

Macht der Glaube an nur einen Gott intolerant?

Hinführung

Lässt der Glauben an den einzig wahren Gott dessen Anhänger schneller zu Mitteln der Gewalt greifen? Ja, entschied vor sieben Jahren Jan Assmann, Professor für Ägyptologie an der Universität Heidelberg. Nein, riefen andere, darunter viele Christen, Muslime und Juden. Sie hielten sich persönlich für sehr tolerant und sahen darin keinen Widerspruch zu ihrem Glauben. Nein, riefen auch viele christliche Theologen. Sie verwiesen auf die starken Friedensimpulse in der Bibel und im Koran. Aggressivität und Gewalt seien lediglich Verirrungen von Religion. Dem Glauben gehe es doch ausdrücklich um Versöhnung und Vergebung, um Nächstenliebe und Armenfürsorge.

Doch die Diskussion war damit noch nicht am Ende. Jan Assmann verfeinerte seine Argumentation, schrieb weitere Beiträge. Unverblümt fragt er nach dem Preis, den die Welt für den Monotheismus zu zahlen hat. Hat Jan Assmann mit seinen Behauptungen Recht? Eine ehrliche Antwort tut not.

I. Liebe Freunde, in alter Zeit sahen sich die Menschen in ihrer Welt umgeben von einer Vielzahl göttlicher Wesen: Jeder Baum besaß einen Geist und jeder Bach eine Nymphe. Himmel und Erde schienen durchdrungen zu sein von Gottheiten, Dämonen und Kobolden. Es gab Götter für die Fruchtbarkeit, für das Gedeihen und Wachsen, aber auch für den Krieg und die Zerstörung. Es gab Götter für die Morgenröte und für das Licht der Sterne, aber auch Dämonen der Finsternis. Natur und Kultur waren durchsetzt und durchwoben von himmlischen Mächten. Von Wesen, die alle Anspruch darauf hatten, verehrt zu werden. Und so achteten die Menschen darauf, dass keiner der Götter vergessen wurde und dass die Riten und Opfer ordnungsgemäß vollzogen wurden. Denn dies alles, so hieß es, hielt die Welt in Gang und festigte die Ordnungen, in denen die Menschen lebten. Niemand wäre auf die Idee gekommen, den Sinn dieser Ordnungen in Frage zu stellen. Und niemals wären die Menschen auf den Gedanken verfallen, wegen ihrer Götter einen Krieg vom Zaun zu brechen. Wenn Kriege geführt wurden, dann aus machtpolitischen oder aus wirtschaftlichen Gründen, nicht um des Glaubens willen. Denn die Menschen fanden ihre Götter in den Gottheiten anderer Völker wieder: Wer dort Zeus hieß, hieß hier Jupiter oder

Odin; wer dort als Venus verehrt wurde, war bei anderen als Ischtar, Astarte oder Aphrodite bekannt. Götter miteinander zu identifizieren, das ermöglichte kulturellen Austausch, das förderte den Handel über Grenzen hinweg. Kaufleute führten Listen von Schwurgöttern mit sich. Es waren Götternamen, mit denen man Verträge mit anderen Stämmen und Völkern besiegeln konnte.

Doch dann ereignete sich etwas in der Wüste zwischen Ägypten und Palästina, das fortan die Geschichte der Religion, ja die Geschichte dieser Welt von Grund auf veränderte. Es meldete sich ein Gott zu Worte, der keine anderen Götter neben sich duldet und der schlimme Strafe dem androht, der anderen Göttern dient. Doch im gleichen Moment, in dem dieser Gott seinen Alleingeltungsanspruch anmeldet, erhebt sich Widerspruch dagegen. Die Menschen setzen reflexartig einen Konkurrenten auf den Sockel, so als wollten sie sich gegen einen Angriff schützen. Die Geschichte vom Goldenen Kalb, 2. Buch Mose, Kapitel 31 und 32:

> *Als der HERR mit Mose zu Ende geredet hatte auf dem Berge Sinai, gab er ihm die beiden Tafeln des Gesetzes; die waren aus Stein und beschrieben von dem Finger Gottes. Als aber das Volk sah, dass Mose ausblieb und nicht wieder von dem Berge zurückkam, sammelte es sich gegen Aaron und sprach zu ihm: Auf, mach uns einen Gott, der vor uns hergehe! Denn wir wissen nicht, was diesem Mann Mose widerfahren ist, der uns aus Ägyptenland geführt hat. Aaron sprach zu ihnen: Reißet ab die goldenen Ohrringe an den Ohren eurer Frauen, eurer Söhne und eurer Töchter und bringt sie zu mir. Da riss alles Volk sich die goldenen Ohrringe von den Ohren und brachte sie zu Aaron. Und er nahm sie von ihren Händen und bildete das Gold in einer Form und machte ein gegossenes Kalb. Und sie sprachen: Das ist dein Gott, Israel, der dich aus Ägyptenland geführt hat! Als das Aaron sah, baute er einen Altar vor ihm und ließ ausrufen und sprach: Morgen ist des HERRN Fest.*
>
> *Und sie standen früh am Morgen auf und opferten Brandopfer und brachten dazu Dankopfer dar. Danach setzte sich das Volk, um zu essen und zu trinken, und sie standen auf, um ihre Lust zu treiben. Mose wandte sich und stieg vom Berge und hatte die zwei Tafeln des Gesetzes in seiner Hand. Als Mose aber nahe zum Lager kam und das Kalb und das Tanzen sah, entbrannte sein Zorn, und er warf die Tafeln aus der Hand und*

zerbrach sie unten am Berge und nahm das Kalb, das sie gemacht hatten, und ließ es im Feuer zerschmelzen und zermalmte es zu Pulver und streute es aufs Wasser und gab's den Israeliten zu trinken. Und er sprach zu Aaron: Was hat dir das Volk getan, dass du eine so große Sünde über sie gebracht hast? Aaron sprach: Mein Herr lasse seinen Zorn nicht entbrennen. Du weißt, dass dies Volk böse ist. Sie sprachen zu mir: Mache uns einen Gott, der vor uns hergehe; denn wir wissen nicht, was mit diesem Mann Mose geschehen ist, der uns aus Ägyptenland geführt hat. Und ich sprach zu ihnen: Wer Gold hat, der reiße es ab und gebe es mir. Und ich warf es ins Feuer; daraus ist das Kalb geworden.

Als nun Mose sah, dass das Volk zuchtlos geworden war, trat er in das Tor des Lagers und rief: Her zu mir, wer dem HERRN angehört! Da sammelten sich zu ihm alle Söhne Levi. Und er sprach zu ihnen: So spricht der HERR, der Gott Israels: Ein jeder gürte sein Schwert um die Lenden und gehe durch das Lager hin und her von einem Tor zum andern und erschlage seinen Bruder, Freund und Nächsten. Die Söhne Levi taten, wie ihnen Mose gesagt hatte; und es fielen an dem Tage vom Volk dreitausend Mann.

Dreitausend Menschen mussten daran glauben. Sie hatten auf den falschen Gott gesetzt, auf ein goldenes Kalb, das vom Gott des Mose verworfen wurde. Der Gott der Gebote wollte weder zum Gott des Kalbes werden noch einen solchen neben sich dulden. Er verbot den Menschen, sich ein Bild von ihm zu machen. Er verbot ihnen, einen anderen als den einen unsichtbaren Gott zu verehren und anzubeten. Hatte das Volk am Fuße des Berges Sinai registriert, was für eine Revolution in der Geschichte der Menschheit da vor sich gegangen war? Hatte es geahnt, dass etwas Neues in die Welt gekommen war? Mose hatte nicht nur zwei Tafeln mit Zehn Geboten vom Berg Sinai mitgebracht. Mose hatte auch eine Unterscheidung mitgebracht, wie sie die Welt bis dahin noch nicht gekannt hatte: Die Unterscheidung zwischen einem wahren Gott und falschen Göttern, die Unterscheidung zwischen Gott und Götzen. Mit einem Schlag waren damit die anderen Götter entthront. Mit einem Mal wurde ihre Macht bestritten, ihre Bedeutung geleugnet und in der Folgezeit auch ihre Existenz verneint. Ihre Anhänger wurden zu Götzenanbetern erklärt und als solche verfolgt, innerhalb und außerhalb der eigenen Glaubensgemeinschaft. Plötzlich gab es Heiden und Ungläubige, Ketzer und Irrlehrer, wurde streng unterschieden zwischen Gottesdienst und Götzendienst, zwischen Glauben und Aberglauben. Seitdem Mose vom Berg

Sinai die große Unterscheidung mitgebracht hat, seitdem hat diese Unterscheidung eine ziemlich große Blutspur verursacht. Eine Spur, die sich durch die Geschichte der drei monotheistischen Religionen zieht: durch die Geschichte des Judentums, des Christentums und des Islam. Es ist eine Geschichte der Intoleranz und der Ausgrenzung, der Verfolgung bis hin zur Ausmerzung.

Es geht dabei nicht um Gewalttaten, zu deren Rechtfertigung die Religion herhalten musste. Es geht nicht um den Missbrauch von Religion. Es geht vielmehr um Gewalttaten, die um des Glaubens willen verübt wurden - nach innen gegen Abtrünnige, gegen Ketzer und Abweichler, und nach außen gegen Ungläubige und Heiden. “Du sollst das Böse ausrotten aus deiner Mitte” (5Mose 13,6). Diesem Aufruf aus dem Alten Testament können ähnliche aus dem Koran an die Seite gestellt werden, Aufrufe zum Dschihad, zum heiligen Krieg nach innen und außen. Und auch im Neuen Testament findet die christliche Gemeinde unmissverständliche Anweisungen für jemanden, der unter ihnen wie ‚ein fruchtloser Feigenbaum‘ ist: nach einer letzten Frist zur Bewährung gehört auch er - bildlich gesprochen - “abgehauen” (Lukasevangelium 13,6-9). Und so ist mit den Religionen, die an nur einen Gott glauben, eine Geschichte der Intoleranz verbunden, der Unduldsamkeit gegenüber Andersglaubenden. Im Bereich des Christentums gehört dazu die beklagenswerte Geschichte der Kreuzzüge und der Inquisition. Im Jahre 1252 erließ Papst Innozenz IV. eine Anordnung, die, wie es im Titel heißt, “das Austilgen betraf”. In dieser Anordnung wurden Andersglaubende mit Dieben und Räubern auf eine Stufe gestellt. Weltliche Herrscher, Fürsten und Könige, wurden verpflichtet, alle Ketzer zum Geständnis und zum Verrat ihrer Genossen zu zwingen. An denen, die für schuldig befunden wurden, musste innerhalb von fünf Tagen die Todesstrafe vollstreckt werden. Einen entsprechenden Fall gab es auch im Bereich der evangelischen Kirche: 1553 wurde in der Stadt Genf ein Exempel statuiert. Der Reformator von Genf und Gründungsvater der reformierten Kirche, Johannes Calvin, hatte die Anklage eines Gelehrten betrieben, Michael Servet. Servet hatte der Lehre von der Dreifaltigkeit Gottes widersprochen. Er wurde daraufhin, wie es das Reichsrecht vorsah, als “verfaultes Glied der Kirche” verurteilt und nach zweimonatiger Haft unter entwürdigenden Bedingungen öffentlich hingerichtet. Philipp Melanchthon, Luthers Mitstreiter und Nachfolger in Wittenberg, hatte in einem Gutachten diesem Verfahren seine Zustimmung erteilt. Heute hören wir von islamistischen Selbstmordattentätern, die im Namen Gottes gegen vermeintlich Ungläubige zu Felde ziehen. Wir empören uns über gewaltbereite Protestanten und Katholiken in Nordirland. Und wundern uns darüber, wenn freikirchliche Gemeinden, die ohnehin meist vergleichsweise klein sind, sich noch einmal spalten.

Macht der Glaube an nur einen Gott, der nur eine Wahrheit kennt und duldet, macht der Glaube an den einzig wahren Gott intolerant? Wenn wir selbstkritisch zurückschauen in die Kirchengeschichte, wenn wir selbstkritisch uns umschauen in der Gegenwart, so bleibt ehrlicherweise nur eine Antwort übrig: Ja, dieser Glaube macht intolerant. Aber es stellt sich zugleich die Frage, welche Folgerungen daraus zu ziehen sind.

II. Liebe Freunde, geben wir's also frank und frei zu, ja stehen wir dazu: Monotheistische Religionen, und damit auch das Christentum, neigen zur Intoleranz. Sie sind bereit, für die Wahrheit Gottes auch gegen andere vorzugehen. Allerdings zeigen ihre Anhänger die Bereitschaft, für die Wahrheit Gottes zuweilen auch selber Gewalt zu erleiden. Wie die Geschichte der christlichen Märtyrer zeigt, sind im Extremfall Glaubende bereit, lieber in den Tod zu gehen als eine Religion anzuerkennen, die falschen Göttern huldigt. "Man muss Gott mehr gehorchen als den Menschen", getreu diesem Petruswort aus der Apostelgeschichte sind auch Christen immer wieder in den Widerstand gegangen, oft auf Kosten ihres eigenen Lebens, im Römischen Reich ebenso wie unter den braunen und roten Gewaltherrschern des 20. Jahrhunderts. Glaubende waren und sind also mitunter bereit, selbst den Preis zu bezahlen, der für die Bewahrung der einen unbedingten Wahrheit zu entrichten ist. Christlicher Glaube weist eine Toleranzgrenze auf. Es ist wichtig, sich dessen bewusst zu werden: Monotheistischer Glaube ist kein Anwalt der Gleichgültigkeit und kein Verfechter von Beliebigkeit. Christen, Muslime und Juden können und dürfen um ihres Gottes willen nicht alles gutheißen. Es gibt neben Meinungen, die man haben kann, auch noch Wahrheiten, für die man eintreten muss. Und wir alle können wegen unseres Glaubens in Widerstreit geraten zu dem, was sich in dieser Welt Geltung verschaffen will.

Wenn noch heute Behinderte planmäßig diskriminiert werden, wenn in bestimmten Weltgegenden Mädchen sich einer äußerst schmerzhaften Beschneidung unterziehen müssen, dann verbuchen wir das nicht unter kulturelle Eigenarten. Wenn Kinder hier oder in Asien zu sexuellen Praktiken mit Erwachsenen angehalten werden, dann rechtfertigen wir es nicht als harmlose Spielerei oder als aktive Sexualerziehung.

Wenn Alkohol verharmlost und das Gewissen nicht respektiert wird, wenn Embryonen zu bloßem Forschungsmaterial erklärt werden und Menschen zu Humankapital: dann ergehen wir uns nicht in falscher Toleranz. Wir können im Namen unseres Gottes an manchen Punkten eben nicht schweigen, nicht klein beigeben. Unser Glaube an die Gottebenbildlichkeit des Menschen lässt Gleichgültigkeit nicht zu, wo die Würde mit Füßen getreten wird. Menschenrechte, die weltweit in Geltung stehen, persönliche Freiheits- und Schutzrechte unabhängig von Geschlecht und Rasse, von Besitz und Bildung, sie würden in dieser Welt nicht eingefordert werden ohne die Intoleranz und Unnachgiebigkeit der großen Weltreligionen. Denn das ist das Gute an der christlichen, muslimischen und jüdischen Intoleranz: Nein zu sagen zu Dingen, die nicht in Ordnung sind, nein zu sagen zu Gebräuchen und Strukturen, die nicht dem Willen Gottes entsprechen, die nicht dem Leben dienen. Denn wer einem Götzen dient, der dient nicht dem Leben. Götzen bedienen den Egoismus, sie sind Handlanger der Ichsucht, aber auch Agenten von schein-rationalen Nützlichkeitserwägungen. Sie verführen Menschen dazu, sich selbst zu feiern: ihre eigene Größe und ihren Besitz, ihre eigene Kraft und Vitalität. Und dies mit einer Rücksichtslosigkeit, die andere ausschließt, nämlich die, die nicht mithalten können. Wir hörten es in der Schriftlesung: Frauen rissen sich ihren Schmuck vom Leibe und bildeten daraus ein goldenes Kalb, das menschlichen Reichtum abbildet. Was war mit denen, die nichts beizusteuern hatten? Im Schatten des Kalbes wurde geprasst, gesoffen und gevögelt. Was war aber mit den Alten, den Kranken und Gebrechlichen, mit denen, die da nicht mitkonnten? Rund um das Kalb feierten die Starken und Schönen, die Jungen und Vermögenden sich selbst. Hier wurde aber nicht das Leben gefeiert, sondern das Leben verbraucht. Denn der Tanz um das Goldene Kalb fordert immer und stets seinen Tribut. Götzendienst ist nicht für umsonst. Und so gebietet der Gott vom Sinai dem Treiben Einhalt, Mose ruft in seinem Auftrag die rasende Menge zur Raison. Menschen, die mit ihrer Scham auch ihre Würde zu verlieren drohen. Und dann folgen drastische Mittel: Die Priester vom Stamme Levi erhalten den Auftrag, alle Götzendiener zu töten.

III. Die ‚Ungläubigen' ausmerzen, vertilgen vom Antlitz der Erde, Ketzer verbrennen, Abtrünnige ausschalten: Das ist eine Form der Intoleranz, die wir heute nur als verwerflich und abstoßend empfinden können. Christliche Intoleranz kann nicht darauf aus sein, Abweichler in den eigenen Reihen physisch auszuschalten. Christliche Intoleranz muss vielmehr versuchen zu überzeugen, muss im Streit der

Wahrheiten mit den besseren Argumenten fechten und am Ende notfalls die Trennung herbeiführen. Den äußeren Widersachern muss hingegen auf zweifache Weise begegnet werden. Christliche Intoleranz hat dem Rad in die Speichen zu greifen. Und zwar dort, wo Freiheit, Recht und Würde unter die Räder geraten. Dabei sollten jedoch allgemeine Ordnungen des Rechts gewahrt bleiben. Gewalt, auch wenn sie notwendig erscheint, muss in kontrollierter Form zum Einsatz kommen. Im Rahmen universaler Rechtsordnungen lassen sich Wahrheit und Gerechtigkeit durchsetzen, kann legitime Gewalt durchaus Frieden schaffen und bewahren. UN-Einsätze in aller Welt sehen sich dieser Form von Intoleranz in besonderem Maße verpflichtet. Der christlichen Intoleranz steht jedoch noch eine weitere Möglichkeit offen, um gegen Ungerechtigkeit, Entwürdigung und Zerstörungswut zu Felde zu ziehen: die Methoden des gewaltlosen Widerstandes. Manchmal lässt sich Gewalt ja gerade nicht durch Gegengewalt überwinden, bändigen oder verhindern. Hier stehen wir Christen im Schatten eines weiteren Berges, nicht im Schatten des Sinai, sondern eines Berges, auf dem Jesus einst den Verzicht auf Gewalt gepredigt hat: Tut wohl denen, die euch hassen, und bittet für die, die euch beleidigen und verfolgen (Lukas-evangelium 6,27f., Matthäusevangelium 5,44). Der Bergprediger ruft dazu auf, zur Durchsetzung von Recht und Wahrheit die Opferrolle zu übernehmen, sich also lieber der Gewalt auszusetzen als ein gewalttätiger Sieger zu sein. Der Bergprediger, der am Ende selber unter die Räder der Mächtigen geriet, er war von der Überzeugung durchdrungen, dass Gott sich gerade der Schwachen und Ohnmächtigen bedient, um seine Wahrheit ans Ziel zu bringen. Denen, die sich um Gottes willen aller Macht entkleiden, ruft Jesus zu: Selig sind die, die um der Gerechtigkeit willen verfolgt werden; denn ihrer ist das Himmelreich (Matthäusevangelium 5,10). Das dürfte wohl die höchste Form christlicher Intoleranz sein, nämlich darauf zu vertrauen, dass Gott selbst Recht schaffen wird. Nicht durch Fanatiker, die mit einer Bombe um den Bauch in Busse steigen. Nicht durch Streiter, die mit dem Schwert oder dem Maschinengewehr in heilige Kriege ziehen. Sondern durch die, die mit viel Phantasie, mit Mut und Einsatzbereitschaft sich den Argumenten der Mächtigen entziehen, die Sand in das Getriebe des Machtapparates streuen, weil sie "Gott mehr gehorchen wollen als den Menschen". Sie tun dies in der Hoffnung darauf, dass am Ende die Opfer des Unrechts ins Recht gesetzt werden und dass ihre Wahrheit den Sieg erringen wird.

Macht der Glaube an den einen Gott intolerant? Ja, das schon. Auch der christliche Glaube ist intolerant, da auch er wie die anderen monotheistischen Religionen unterscheidet zwischen dem wahren Gott und den falschen Göttern. Indem der Monotheismus die Frage nach einer unbedingten Wahrheit stellen und um entsprechende Antworten weiß, hat er streitbar Stellung zu nehmen zu dem, was sich in der Welt Beachtung verschaffen will. Aber diese Intoleranz darf sich nicht gegen Schwache und Schutzbefohlene richten, nicht gegen Unschuldige und Unbeteiligte. Die physische Vernichtung von Ketzern und Abweichlern ist aus heutiger Sicht mit dem christlichen Glauben nicht mehr vereinbar. Wo jedoch Recht, Freiheit und menschliche Würde unter die Räder geraten, hat christliche Intoleranz dem Rad in die Speichen zu greifen. Dies kann mit den Mittel kontrollierter Gewalt geschehen oder auch über Formen des gewaltlosen Widerstands. Denn die Methoden auf dem Weg zu einem Leben in Gerechtigkeit und Frieden dürfen um Gottes willen dem Ziel nicht widersprechen. So gesehen ist die Intoleranz des Glaubens nicht nur erlaubt, sondern geradezu geboten. AMEN.

Literaturhinweise:

Jan Assmann, Die mosaische Unterscheidung. Oder der Preis des Monotheismus, 2003

Hermann Düringer (Hrsg.), Monotheismus - eine Quelle der Gewalt?, 2004

Wo war Gott? - Antworten nach dem Seebeben

Hinführung

Immer wenn große Katastrophen Teile der Menschheit heimgesucht haben, stellt sich die Frage nach Gott. Es wird gefragt, wo Gott denn gewesen ist oder warum er solch großes Unglück zugelassen hat. Es wird gefragt, ob das Leid, das über Menschen gekommen ist, sich in irgendeiner Weise vereinbaren lasse mit der Güte Gottes. Es wird gefragt, ob die zerstörerische Wucht, mit der das Übel über die Welt hereingebrochen ist, sich vertrage mit der Allmacht Gottes. Fragen wie diese zeigen, dass Menschen mit Gott noch nicht fertig sind, dass Gott für sie immer noch eine Frage wert ist, auch wenn vieles, was sie mit Gott verbinden, durch die Erfahrung von Zerstörung und Vernichtung fragwürdig geworden ist.

> *„Wir wissen", schreibt der Apostel Paulus in seinem Brief an die Gemeinde in Rom, „dass die ganze Schöpfung mit uns seufzt und sich ängstet. Nicht allein sie, sondern auch wir Menschen selbst seufzen in uns selbst und sehnen uns nach der Erlösung". Römerbrief 8,22f.*

Das Seufzen einer unerlösten Schöpfung, das Geschrei einer unerlösten Erde ist in den Tagen nach dem 26.12.2004 unüberhörbar gewesen. Der 2. Weihnachtstag war der Tag, an dem Wellen von 10 Metern Höhe über die Küsten Südostasiens hinwegrollten. Und in das anschließende Seufzen, Klagen und Schreien hinein werden Anklagen laut: Wo warst du, Gott? Warum ließest du das zu? Fragen dieser Art sind zwar schon immer gestellt worden. Aber Gott ist dabei erst in den letzten zwei, drei Jahrhunderten gehörig in die Defensive geraten. In der Anfangszeit der evangelischen Kirche war noch darüber gestritten worden, wie man sich die Rechtfertigung des sündigen Menschen vor Gott vorzustellen habe. Heutzutage geht es um die Rechtfertigung Gottes vor dem Tribunal der Menschheit. Und mit ihr die Sinnhaftigkeit des christlichen Glaubens.

I. Liebe Freunde, die ganze Welt stand Anfang des Jahres unter dem Eindruck von Bildern unsäglichen Leids. Leid, das durch riesige Flutwellen über Menschen buchstäblich hereingebrochen war. Über eine Viertelmillion Tote sind bis heute zu beklagen: auf Sumatra, in Thailand, auf Sri Lanka, in Indien und auf unzähligen Inseln zwischen den Malediven und Indonesien. Aber auch in weit entfernten

Ländern wurde und wird getrauert. Denn unter den Opfern befand sich eine größere Anzahl von Touristen, Leute, die ihren Weihnachtsurlaub verbringen wollten und urplötzlich von den Gewalten der Natur überrascht wurden: am Strand, auf den Promenaden und in den Hotelanlagen, die für viele zur tödlichen Falle wurden. Die, die überlebten, sie wurden auch nach der Rückkehr in ihre Heimat die Bilder der Zerstörung längst noch nicht los. Das Erleben dieser Naturgewalten aus nächster Nähe hat sich unauslöschlich in die Seele gebrannt. Was viele unter den Überlebenden quält, das ist vor allem die Erinnerung an die eigene Hilflosigkeit. In ihren Träumen werden noch immer Menschen in wenigen Metern Entfernung in den Tod gerissen. Die ganze Weltgemeinschaft hat Anteil genommen an diesem Leid. Und sie hat reagiert. Nach der Welle der Vernichtung brandete eine Welle der Hilfe gegen die betroffenen Küstenregionen. Der Flut der Zerstörung folgte eine Flut von Spenden. Viele, auch hier in Deutschland, waren getrieben vom Wunsch, irgendetwas Hilfreiches zu tun. Und ebenso viele waren froh, mit ihrem Beitrag zum äußeren Wiederaufbau beitragen zu können.

Bei vielen Katastrophen in unserem eigenen Leben sind uns oft die Hände gebunden. Was tun angesichts der Nachricht, dass da eine Frau neun leibliche Kleinkinder umgebracht hat? Was tun angesichts der Tatsache, dass eine junge Mutter in der Nachbarschaft unheilbar an Brustkrebs erkrankt ist? Fast täglich prasseln neue Hiobsbotschaften auf uns ein: Ein 60jähriger wird am Bahnübergang von einem PKW überfahren. Ein 28jähriger kommt bei einem Arbeitsunfall ums Leben. Wir hören vom Elend auf den Kinderkrebsstationen, erfahren von jungen Leuten, deren Leben eben nicht "siebzig oder achtzig Jahr", sondern nur zwanzig oder dreißig Jahre währt. Wir treffen auf weinende Mütter, die um ihre Kinder trauern, auf Väter, die mit ihren Kindern plötzlich allein da stehen. Menschliches Leid kennt unendlich viele Facetten.

Viele Menschen fressen das Leid in sich hinein. Sie verstummen und vergraben sich in ihren Kummer. Aber nicht wenige kommen ins Grübeln. Sie suchen nach Wegen, die ihnen erlauben, herauszufinden: aus dem Labyrinth des unsäglichen Leidens zurück in die Weite eines erträglichen Alltags. Sie ergeben sich nicht einfach dem Schmerz, sie dürsten nach Antworten. Antworten auf die Frage nach dem großen "Warum". Sie fragen danach, wo Gott war, als es passierte und warum er es zuließ. Menschen, die so fragen, sie suchen nach einem verborgenen Sinn. Nüchterne

Erklärungen der Naturwissenschaften genügen da nicht. Erklärungen, die das Seebeben auf das Verschieben von Erdplatten zurückführen, sie greifen zu kurz. Sie greifen zu kurz, wenn Menschen verstehen wollen, warum ganze Dörfer dem Erdboden gleichgemacht wurden oder warum das junge Pärchen von seiner Hochzeitsreise nicht fröhlich nach Hause zurückkehren durfte.

II. Die Bibel, aber auch unser Gesangbuch, sind voller Antworten. Denn die Frage nach dem großen "Warum" ist alt. Viele Mütter und Väter des Glaubens haben mit dieser Frage gerungen und es gewagt, Antworten zu geben. Die klassischen Antworten sind bis heute vor allem drei. Unglück, das Menschen widerfährt, wurde und wird verstanden als gerechte Strafe, als persönliche Prüfung, als göttliches Gericht. Diese drei Antworten haben Anhalt an biblischen Erzählungen.

Eine Episode aus dem Lukasevangelium, Kapitel 13,1- 5:

> *Da kamen einige Leute zu Jesus und erzählten ihm von den Männern aus Galiläa. Sie ließ Pilatus töten, als sie gerade im Tempel Opfer darbrachten; ihr Blut vermischte sich mit dem Blut ihrer Opfertiere. Jesus sagte zu ihnen: Meint ihr etwa, dass sie einen so schrecklichen Tod fanden, weil sie schlimmere Sünder waren als die anderen Leute in Galiläa? Nein, ich sage euch: Wenn ihr euch nicht ändert, werdet ihr alle genauso umkommen. Oder denkt an die achtzehn Bauarbeiter, die der Stadtturm am Teich Schiloach in Jerusalem unter sich begrub! Meint ihr, dass sie schlechter waren als die übrigen Einwohner Jerusalems? Nein, ich sage euch: Ihr werdet alle genauso umkommen, wenn ihr euch nicht ändert!*

Pilger aus Galiläa, fromme Menschen aus der Provinz, sind nach Jerusalem gezogen, um dort im Tempel die vorgeschriebenen Opfer darzubringen. Sie werden Opfer einer grausamen Polizeiaktion. Die Soldaten des Pontius Pilatus metzeln die Pilger nieder. Ihr Blut vermischt sich mit dem Blut ihrer geschlachteten Opfertiere. Jesus weiß, was an Gedanken in den Köpfen der Leute herum schwirren. Er spricht es offen aus: Meint ihr, dass diese Galiläer mehr gesündigt haben als alle anderen, weil sie das erlitten haben? Genau dies meinten die Leute. Sie waren von der besonderen Schuld der Pilger und damit von der Richtigkeit göttlicher Strafe überzeugt. Denn sie waren der Auffassung, dass jeder Mensch letztlich erntet, was er gesät hat. Und noch in unseren Tagen sehen sich Menschen gestraft mit dem, was ihnen an Leid widerfährt.

Sie forschen in ihrem Leben nach dem, was ihr Unglück in irgendeiner Weise rechtfertigen könnte. Sie tun das, damit das, was ihnen zustieß, noch einen Sinn macht. Denn nur was sinnlos erscheint, ist unerträglich. Generationen in früherer Zeit sahen im persönlichen Unglück oft auch so etwas wie eine Prüfung. Sie sahen sich selbst, ihren Glauben und ihr Gottvertrauen auf eine schwere Probe gestellt. Viele Kirchenlieder wenden sich gerade solchen Menschen zu, wollen für sie eine Art Durchhaltelied sein: „Wer nur den lieben Gott lässt walten und hoffet auf ihn alle Zeit, den wird er wunderbar erhalten in aller Not und Traurigkeit. Denn welcher seine Zuversicht auf Gott setzt, den verlässt er nicht“ (evangelisches gesangbuch 369) . Das Leben im Jammertal erscheint als Testfall des Glaubens. Flankiert von der Zusage, dass Gott nicht mehr auferlegt, als man zu tragen in der Lage ist. Unglück wurde von den Müttern und Vätern des Glaubens oft auch als Zeichen für das göttliche Gericht angesehen. Der Mensch denkt, aber Gott lenkt. Seine Gedanken seien eben nicht unsere Gedanken, seine Wege nicht unsere Wege (Jesaja 55,8). Mit jedem Unglück, so hieß es, erinnert uns Gott daran, dass nicht wir unseres Glückes Schmied sind, sondern dass er allein Herr ist über unser Leben und Sterben. Gott schickt uns in die schmerzhafte Schule des Lebens, “auf dass wir klug werden” (Psalm 90,12).

Den großen Schmerzensmann des Alten Testamentes, Hiob, haben diese drei Sinnangebote nicht überzeugt. Der Verlust seiner Habe, der Tod seiner Kinder und der Verlust seiner Gesundheit konnte Hiob weder mit Strafe noch mit Prüfung noch mit Gericht in Verbindung bringen. Nur mit Mühe wusste er sich seiner Freunde zu erwehren, die ihm diese Deutungen einreden wollten. Und auch Jesus reagierte sehr allergisch auf das, was seinen Jüngern durch den Kopf ging. Jesus störte sich vor allem an der Zuschauerhaltung, aus der heraus ja oft geurteilt wird. Unbeteiligte maßen sich an, über die Opfer den Stab zu brechen. Auf diese Weise werden unbescholtene Pilger und harmlose Bauarbeiter plötzlich im Nachhinein zu großen Sündern erklärt, die angeblich gekriegt haben, was sie verdienten. Jesus gebietet diesem Denken Einhalt und lenkt den urteilenden Blick der Jünger auf sie selbst zurück. Statt über die mögliche Schuld der galiläischen Pilger zu schwadronieren, sollen sie lieber über ihre eigene Beziehung zu Gott nachdenken: Bringt ihr mal euer eigenes Verhältnis zu Gott in Ordnung. Statt den Bauarbeitern in Jerusalem Böses zu unterstellen, redet Jesus seinen Leuten ins Gewissen: Wenn ihr euch nicht ändert, werdet ihr alle genauso umkommen.

Dass menschliches Leid durchaus als eine Strafe Gottes empfunden werden kann, das stellt Jesus dabei nicht grundsätzlich in Frage. Aber es steht eben nur den unmittelbar Betroffenen zu, dies so zu sehen. Aufschwatzen kann und sollte man es den Hinterbliebenen jedenfalls nicht. Wenn sie es nicht tun, wenn sie weder von Strafe, Prüfung noch Gericht etwas hören wollen, wenn sie sich wie einst Hiob wehren gegen solche Sichtweisen, dann stellt sich die Frage allerdings noch einmal umso dringlicher: Wo war Gott, als mir dies zustieß? Warum ließ er solches Unglück geschehen? Was für ein Sinn macht jetzt mein weiteres Leben? Fragen, die nach Antworten verlangen.

III. Liebe Gemeinde, persönliches Unglück als gerechte Strafe, als schwere Prüfung oder als Gericht Gottes zu deuten: damit haben viele Menschen heutzutage enorme Schwierigkeiten. Vielen leuchten diese alten Antworten auf die große Warum-Frage nicht mehr ein. Auch Theologen nicht. Einige haben deshalb in den letzten Jahrzehnten eine Reihe von neuen Antworten entwickelt. Nicht nur im Zuge großer Naturkatastrophen. Auch durch Menschenhand verursachte Katastrophen waren der Anlass, über die Rolle Gottes neu nachzudenken. Wie kann man nach Auschwitz noch an Gott glauben? Diese Frage treibt Vertreter der Theologie bis heute um angesichts des millionenfachen Leids, das durch nationalsozialistische und stalinistische Verfolgungen unvorstellbare Ausmaße angenommen hatte. Die Gewissheiten früherer Zeiten, die sich vor allem in alten Kirchenliedern aussprach, hatte, so schien es, dieser Anfrage an Gottes Güte und Macht wenig entgegenzusetzen: "Gott sitzt im Regimente und führet alles wohl!" Welcher Lagergefangene konnte dies nach 1945 noch aus tiefstem Herze singen?! Viele Skeptiker meinten, mit den Großverbrechen des 20. Jahrhunderts nun endgültige Beweise dafür zu haben, dass es einen allmächtigen Gott der Liebe entweder gar nicht gibt oder dass ein solcher Gott außerhalb der Menschheitsgeschichte steht wie ein Uhrmacher, der sein Uhrwerk zuerst gefertigt, dann aufgezogen und schließlich sich selbst überlassen hat. Massenvernichtungen und Naturkatastrophen: Wäre Gott wirklich allmächtig, könnte er Unglück und Untaten verhindern. Wäre er voller Liebe, müsste er sie verhindern wollen. Daraus folgt: Entweder hat Gott sie nicht verhindern können, dann ist er nicht allmächtig, oder er hat sie nicht verhindern wollen, dann ist er nicht wirklich gütig.

Einige Theologen haben sich denn auch von der Vorstellung eines allmächtigen Gottes verabschiedet. Auf die Frage, wo Gott denn gewesen sei, als in Auschwitz und anderen Lagern die Öfen gebrannt haben, entgegnen sie, dass er den Opfern ganz nahe gewesen sei: allerdings nicht als eingreifender Gott, der dem Schrecken ein Ende setzt, sondern als ein still mitleidender Gott, der sich solidarisch in die Tiefen menschlichen Leids hineinbegibt. Der bohrenden Frage nach dem „Warum“ begegnen sie mit dem Verweis auf den Gott des Karfreitags. Er habe sich in seinem Sohn ja ebenfalls der menschlichen Gewalt und Grausamkeit leidend ausgesetzt. Ein mitfühlender Gott, der sich mit den Opfern solidarisch erklärt und sich auf die Seite der Erniedrigten stellt, das sei ein nach Auschwitz noch denkbares Gottesbild. Sich dies zu verinnerlichen, schaffe Trost, weil man sich nicht mehr mit seiner Ohnmacht und Trauer allein gelassen fühlt, sondern sich geborgen wissen kann von einem Gott, der weiß, wie es um einen steht, da es ihm selbst auf Golgatha nicht besser ergangen ist. Gott die Allmacht abzusprechen ist eine tief greifende Veränderung in der althergebrachten Gottesvorstellung. Andere gehen nicht so weit. Sie enthalten sich einer Antwort, warum Gott dies alles zulassen konnte. Sie suchen ihr Heil eher auf dem Feld der Antworten, die sich an der Frage nach dem „Wozu“ entzünden. Jede Katastrophe enthalte nämlich für die Überlebenden eine moralische Botschaft: Für die Nachkriegsgeneration ist dies die Ablehnung von Krieg sowie die Verpflichtung zum friedfertigen Miteinander zwischen verschiedenen Völkern, Religionen und Rassen. Die Weltgemeinschaft hört in einer Naturkatastrophe den Aufruf zur weltweiten Solidarität, zur Wiederherstellung menschenwürdiger Lebensbedingungen heraus. Dazu hält gerade auch der Glaube an einen Gott des Friedens und der Nächstenliebe an. Die dritte Gruppe lenkt ihren Blick speziell auf die Überlebenden unter den Opfern. Sie plädiert dafür, den Gottesglauben in den Prozess psychischer Leidverarbeitung einzubringen. Denn diese Verarbeitung kann nur gelingen, wenn Trauernde die verschiedenen Phasen des Trauerprozesses heilsam durchlaufen. Vor allem der christliche Glaube wird für die Verarbeitung von Leid als wichtig angesehen: Das Gebet, die Klage und die Bitte ermöglichen, dass Trauernde ihre destruktiven Gefühle loswerden, dass sie sich nicht mehr auf den erlittenen Verlust fixieren, sondern ihn auf sich beruhen lassen können. Gott als therapeutisch wertvolle Klagemauer trage dazu bei, den inneren Frieden wiederzufinden. Ihm sein Leid zu klagen, führe zu einer seelischen Entlastung, die notwendig ist, um das Geschehene innerlich anzunehmen. In eine ähnliche Richtung zielt auch die biblisch gut begründbare Haltung, alles Böse und Üble auf Gott selbst zurückzuführen, auf einen verborgenen und unergründbaren Gott, dessen dunkle Seiten zu seiner Majestät gehören. Nicht nach dem „Warum“ zu fragen, hieße, ihm trotz allem die Ehre zu geben: *Dennoch bleibe ich stets an dir, denn du hältst mich bei meiner rechten Hand, du leitest mich nach deinem Rat und nimmst mich am Ende mit Ehren an* (Psalm 73). Sich an ihn zu halten, an ihm festzuhalten, bedeutete dann, ihn in die Pflicht zu nehmen, an seine Treue zu erinnern und aufzufordern, sich wieder als ein freundlicher, gütiger Gott zu erweisen.

Ob diese Antworten der Theologie weiterhelfen, das zu beurteilen muss jedem selbst überlassen bleiben. Abschließend soll noch eine letzte Antwortmöglichkeit vorgestellt werden. Sie ist denen zugedacht, die sich einerseits von Gott im Stich gelassen fühlen. Die aber andererseits mit vollmundigen Zusagen seines Schutzes und Beistandes konfrontiert werden, also mit Worten, wie sie in der Bibel häufig anzutreffen sind. Denn Gott, so lesen wir in den Psalmen, *hat seinen Engeln befohlen, dass sie dich behüten auf allen deinen Wegen, dass sie dich auf den Händen tragen* (Psalm 91,11f.). Und: *von allen Seiten umgibst du mich und hältst deine Hand über mir* (Psalm 139,5). Wo aber ist Gott mit seinen Engeln, wenn ich mich gerade nicht auf Händen getragen, sondern vom Schicksal gebeutelt fühle? Wo bleibt sein Schutz und Schirm, wenn die Katastrophe über mich hereinbricht? Wo sind sein Stecken und Stab, wenn Krankheit und Tod mir zusetzen? Taufeltern suchen mit Vorliebe Schutzsprüche für ihre Kinder aus. Gerade ihnen sollte bewusst werden, dass Gott keineswegs immer vor schlimmen Lebenslagen schützt, wohl aber, dass er uns in schlimmen Lebenslagen beisteht. Denn das ist ja die eigentliche Frage: Nicht ob ich mit dem Unglück fertig werde, sondern ob es dem Unglück gelingt, mich fertig zu machen. Es ist letztlich die Frage nach der Perspektive, die sich eröffnet, selbst dem, der meint, völlig am Ende zu sein. Hier setzt eine Antwortmöglichkeit an, die sich als Alternative zur gängigen Vorstellung versteht, dass Gott *zeitgleich* mit uns durchs Leben zieht und wir zu ihm in einem räumlichen Verhältnis stehen: wir ‘unten auf Erden’, er ‘droben im Himmel’. Ein Gott, der streng parallel zu unserem Leben existiert, er ist besonders stark dem Vorwurf ausgesetzt, im entscheidenden Augenblick versagt zu haben. Gerade ein Gott, der gleichsam über unserem Geschick schwebt, der vom Himmelsbalkon aus auf das Leid der Menschen herabsieht, er muss sich vorwerfen lassen, nicht eingegriffen zu haben, weder von seiner Macht Gebrauch gemacht noch von seiner Liebe ein Zeichen gegeben zu haben. Wie aber wäre es, wenn Gott zu unserem Leben in einer zeitlich ganz anderen Weise stehen würde? Wenn er nicht Teil der Gegenwart, sondern reine Zukunft wäre? Gott würde uns dann je und je aus der Zukunft entgegenkommen. Als ein Gott, der auf uns trifft in allen Lebenslagen, auch in den bedrohlichen und leidvollen. Als ein Gott, der quasi immer von vorn kommt, eröffnet er grundsätzlich eine neue Zukunft. Er holt uns ab aus der beklagenswerten Gegenwart, fängt uns auf an den Endstationen unseres Daseins, dort, wo wir uns ganz am Ende fühlen. Dieser Gott aus der Zukunft macht das erlittene Unglück zwar nicht rückgängig, das geschehene Leid nicht nachträglich kleiner. Aber der Leidtragende darf sich doch wenigstens von Gott in eine Richtung führen lassen, die ihm ein Weiterleben ermöglicht. Zwar mit inneren Wunden, aber doch mit einem Blick nach vorn. Es bedarf nur des Zutrauens, dass Gott noch viel Leben vorgesehen hat. Und es bedarf der Neugierde auf das, was an unverhofften Möglichkeiten sich noch erschließen könnte. Das Leben ist dann mit der Katastrophe noch nicht zu Ende, es geht - verwundet, versehrt und verändert - weiter. Ein neues, noch unbekanntes Land tut sich auf. Für die, die durch die Wüste ziehen wie einst das Volk Israel. Für die, die sich entwurzelt und unbehaust fühlen wie die Juden im babylonischen Exil. *Mache dich auf, werde Licht. Denn dein Licht kommt* - auf dich zu (Jesaja 60,1), das ist denen in Aussicht gestellt, die noch im finsteren Tal ihrer Trauer sitzen. AMEN.

Literaturhinweise:

Peter Hahne, Leid. Warum lässt Gott das zu?, 26. Auflage 2005

Walter Dietrich, Christian Link, Die dunklen Seiten Gottes, 2 Bände, 5. Auflage 2009

Kommt der Diktator in den Himmel? - Vom Gericht Gottes

I. Wenn ein Mensch einen anderen liebt, wenn er den anderen wirklich lieb hat, dann muss er bereit sein, dem anderen gegenüber auch mal "Nein" zu sagen. Denn immer nur "Ja" zu sagen, das geht einfach nicht. Es gibt Zeiten, es gibt Situationen, in denen muss man einfach entschieden "Nein" sagen. Nicht weil man dem anderen etwas Böses will. Sondern im Gegenteil: Man muss "Nein" sagen, gerade weil man es gut mit ihm meint. Man muss "Nein" sagen, gerade weil man ihn liebt. Eine wahrhaftige, eine wirklich intakte Liebe hält dieses "Nein" aus. Die Liebe nämlich verträgt Kritik, sie erträgt auch den Widerspruch. Dies gilt für die Beziehung zwischen Kindern und ihren Eltern. Dies gilt für das Verhältnis zwischen den Lebenspartnern. Dies gilt erst recht für das Verhältnis zwischen uns Menschen und Gott. Gerade weil Gott uns lieb hat, gerade weil er das Beste für uns will, gerade deshalb gibt es Dinge, zu denen Gott entschieden "Nein" sagt. Es sind Gedanken, die wir gehabt haben und noch haben, es sind Taten, die wir getan haben und noch tun. Es sind Verhaltensweisen und es sind Sichtweisen. Es sind innere Einstellungen und Haltungen. Sie alle haben eines gemeinsam: Sie vertragen sich nicht mit der Liebe, die Gott uns gegenüber hegt. Sie passen nicht zu der Zuwendung, die Gott uns schenkt. Sie stimmen nicht überein mit dem Bild, das Gott eigentlich von uns hat. Und deshalb sagt Gott zu all diesen Gedanken, Taten und Einstellungen "Nein". Und dieses "Nein" nennen wir in unserer christlichen Tradition "das Gericht Gottes".

Zugegeben, mit dieser Vorstellung vom "Gericht Gottes" ist viel Schindluder getrieben worden. Jahrhunderte lang haben Kirchenleute damit gedroht, haben sie Menschen in Angst und Schrecken versetzt. Genüsslich haben sie die Qualen des Fegefeuers und die Schmerzen der Hölle ausgemalt. Nicht selten wurde das Gericht Gottes benutzt, um Menschen in Schach zu halten, um Kritiker mundtot und Rebellen gefügig zu machen. Nicht selten wurden Menschen gequält und verbrannt, weil man ihre Seelen vor dem Verderben erretten wollte oder weil man in diesen Qualen einen Vorgeschmack auf das kommende Gericht erblickte. Das Gericht Gottes beschäftigte in der Vergangenheit weite Teile der Christenheit so stark, dass das ganze Christenleben für viele nur einen einzigen Zweck kannte: nämlich vorzusorgen für ein besseres Jenseits. Und das hieß: so zu leben, damit man das Gericht Gottes möglichst unbeschadet überstehen konnte und Eingang fand in die himmlischen Gefilde. Suchten damals die Menschen nach Wegen, in den Himmel zu kommen, so suchen heute viele nach Gelegenheiten, ins Fernsehen zu kommen. Das Endgericht über Menschen scheint heute in Castingshows vollzogen zu werden. Das Gericht Gottes schreckt hingegen kaum noch jemanden, es sei denn, man gehört einer strengeren Glaubensrichtung an oder ist Mitglied in einer Sekte. Weithin existieren Hölle und Gericht nur noch in Form von Witzen. Da wird zum Beispiel eine klassische Feuerhölle nur noch für Katholiken betrieben, weil die das ja angeblich so erwarten. Es gibt aber zunehmend Leute, die das kaum noch witzig finden, weil sie den ernsten Hintergrund gar nicht mehr kennen. Ihnen ist in den letzten Jahrzehnten allein der liebe Gott gepredigt worden, dieser nette und ewig freundliche Opa, der alles vergibt und angeblich zu allem "Ja und AMEN" sagt. "Gott liebt dich so, wie du bist": Dieser Spruch, von Pfarrern immer wieder gern in den Mund genommen, er lässt es ja auch völlig undenkbar erscheinen, dass Gott auch einmal "Nein" sagen könnte. Vielleicht nicht "Nein" zu uns, aber doch zu dem, was uns antreibt und erfüllt, "Nein" zu dem, was uns an Taten und Untaten zugerechnet werden muss.

II. Um sich zu vergegenwärtigen, was es mit diesem „Nein Gottes" auf sich haben könnte, empfiehlt sich ein Blick zurück in die Anfänge des biblischen Glaubens. Zur Zeit des Alten Testamentes war das Volk Israel davon überzeugt, dass das "Nein Gottes" ablesbar ist in der Geschichte, die dem Volk Israel widerfuhr. Verlor das Volk Israel einen Krieg, erblickte man darin den Willen Gottes. Als Jerusalem erobert wurde, als der Tempel zerstört und das Land ringsumher verwüstet wurde, hielt man dies alles für das Gerichtshandeln Gottes. Das Gericht Gottes, das bedeutete zweierlei: Es bedeutete, dass Menschen sich selbst überlassen blieben und dass Gott ihnen seinen Schutz entzog. Gericht bedeutete aber auch, dass ein Neuanfang möglich wurde. Nach dem Zusammenbruch des Alten erwartete man den Anbruch des Neuen. Diese alte Vorstellung vom Gericht erschien jedoch späteren Generationen mit der Zeit immer fragwürdiger. Denn man hatte Grund festzustellen, dass das Neue oft wieder nur das Alte war. Die Menschen blieben nur allzu gern den alten Verhaltensmustern verhaftet, vielen fehlte die Einsicht in das, was sie mitverschuldet hatten, sie begannen sich selbst zu rechtfertigen. Man lernte nichts aus dem, was zur Katastrophe geführt hatte. Außerdem hatten viele den Eindruck, dass Unrecht ungestraft blieb, ja dass Bosheit sogar belohnt wurde. Es wurde deutlich: Die Weltgeschichte selbst kann nicht das Weltgericht sein. Denn in der Geschichte obsiegen zu selten die Opfer, es triumphieren zu häufig die Täter. Und auch wenn sich Geschichte nicht 1:1 wiederholt, gibt es doch immer wieder Faktoren, die sich gleichen, gibt es Leute, die einfach nicht klug werden. Und so lag es irgendwann einmal auf der Hand, das Gericht Gottes vom Lauf der Geschichte zu trennen: Denn wenn es das Gericht Gottes gibt, wenn Gott wirklich das große "Nein" spricht, dann kann es nicht ein "Nein" in der Geschichte sein. Es muss ein "Nein" am Ende der Geschichte sein. Am Ende eines Lebens oder auch am Ende allen Lebens. Und diese Auffassung vertrat auch Jesus. Wie Johannes der Täufer kündigte auch Jesus den Menschen das Reich Gottes an. Und zu diesem Reich Gottes gehört eben auch und vor allem das Gericht Gottes: „Sein Reich komme, sein Wille geschehe". *Wenn aber der Menschensohn kommen wird in seiner Herrlichkeit, dann wird er sitzen auf dem Thron seiner Herrlichkeit, und alle Völker werden vor ihm versammelt werden. Und er wird sie voneinander scheiden, wie ein Hirt die Schafe von den Böcken scheidet.* So wird es erzählt im Matthäus-Evangelium, Kapitel 25. Was geschieht dann? Nun, der Menschensohn öffnet den Menschen die Augen. *Ich bin hungrig gewesen, und ihr habt mir zu essen gegeben. Ich bin durstig gewesen, und ihr habt mir zu trinken gegeben usw.* Die, die da angesprochen werden, können sich jedoch daran gar nicht erinnern. Sie fragen: *Herr, wann haben wir dich hungrig gesehen und haben dir zu essen gegeben, oder durstig und haben dir zu trinken gegeben?*

Liebe Freunde, genau das wird im Gericht geschehen. Wir werden die Augen geöffnet bekommen. Unser ganzes Leben wird vor uns ausgerollt werden. Alles, was wir gedacht und getan, was wir geplant und unterlassen haben, alles wird uns offengelegt werden. Und wir werden staunen. Staunen darüber, was wir alles getan oder eben nicht getan haben. Da werden Dinge darunter sein, die wir schon längst wieder vergessen haben. Da werden Dinge darunter sein, die haben wir so noch nie gesehen. *Wann haben wir dich als Fremden gesehen und haben dich aufgenommen? Und der König wird antworten und zu ihnen sagen: Wahrlich, ich sage euch: Was ihr getan habt einem von diesen meinen geringsten Brüdern, das habt ihr mir getan.* Dort also, wo wir die Liebe Gottes gelebt und weitergegeben haben, dort haben wir Jesus selbst einen Dienst getan. Da, wo wir uns anderen so zugewandt haben, wie sich Gott uns zuwendet, dort haben wir etwas getan, was im Gericht Bestand haben wird.

Es gibt aber auch das andere. Wir werden feststellen, dass wir der Liebe Gottes nicht immer treu waren. Wir werden mit Erschrecken feststellen, wie oft wir anderen etwas schuldig geblieben sind, an Zuwendung und Aufmerksamkeit, an Verständnis und Achtung. *Ich bin nackt gewesen, und ihr habt mich nicht gekleidet. Ich bin krank und im Gefängnis gewesen, und ihr habt mich nicht besucht. Wahrlich ich sage euch: Was ihr nicht getan habt einem von diesen Geringsten, das habt ihr mir auch nicht getan.* Widerspruch ist zwecklos. Denn die Dinge werden klar zu Tage liegen. Alle Ausflüchte, alle Entschuldigungen, die angeführt werden könnten, sie greifen ins Leere. Alle Versuche der Selbstrechtfertigung werden zum Scheitern verurteilt sein. Denn die Sprache der Fakten wird unmissverständlich, die Beweislage wird erschreckend sein. Unseren Lebenslügen wird kein Raum gegeben. Und all dem, was wir längst verdrängt haben, wird ans Tageslicht kommen.

Die Erzählung bei Matthäus endet damit, dass sich die Menschheit aufteilen wird: Die einen, so heißt es, werden hingehen zur ewigen Strafe, die anderen aber werden eingehen ins ewige Leben. Sollte es wirklich so kommen, dann ist alles klar: die Diktatoren der Geschichte, die Tyrannen und Massenmörder, sie werden zu den Böcken gehören, zu den Verfluchten, die in das ewige Feuer kommen, in das Feuer, das, wie es heißt, bereitet ist dem Teufel und seinen Engeln.

III. Die Guten ins Töpfchen, die Schlechten ins Kröpfchen, heißt es im Märchen. Für die Christen vergangener Jahrhunderte galt dies auch im Blick auf das Gericht Gottes: Es werden einige, vielleicht sogar die allermeisten in die Hölle kommen. Zunächst ins Fegefeuer, um dort geläutert zu werden. Und dann in den Himmel. Es wird aber auch einige geben, die kommen sofort und ohne Umschweife in die Hölle, in die ewige Verdammnis, in die endgültige Gottesferne. Vielen Christen haben solche Vorstellungen lange Zeit eine Genugtuung bereitet. Es war gut zu wissen, dass die Allerbösesten auch böse enden würden. Dies war ein Trost für diejenigen, die unter der Bosheit leiden mussten. Es war Labsal für die Seelen der Opfer, für die Kleinen und Schwachen, für die Unterlegenen und Machtlosen. Für sie war und ist bis heute das Gericht Gottes die späte Racheveranstaltung des kleinen Mannes. Und es gibt und gab reichlich viel Unholde, die schon zu ihren Lebzeiten in die Hölle gewünscht wurden… .

Aber: Wir Christen haben Grund, es uns auch anders vorzustellen. Wir hatten ja schon gehört: Die Liebe Gottes und das Gericht Gottes müssen sich nicht widersprechen. Sie schließen sich nicht einander aus. Im Gericht Gottes kann vielmehr die Liebe Gottes zum Zuge kommen. Und zwar in dreifacher Perspektive:

1. Der Richter wird der Menschensohn sein. Also eine von Gott auf die Erde gesandte Gestalt. Der Menschensohn aber ist nach christlicher Vorstellung niemand anderes als Jesus Christus. Er wird unser Richter sein. Jesus Christus aber ist, so beteuern wir es doch immer wieder, nichts anderes als die Liebe Gottes in Person. Er kam nicht, um zu zerstören, sondern um zu heilen. Er kam nicht, um die Sünder zu strafen, sondern um sie zu rufen, um sie hinein zu holen in die Gemeinschaft mit Gott. Er machte sie gesund, er vergab ihnen ihre Sünden und holte sie in seine Gemeinschaft, er verteidigte sie sogar vor ihren irdischen Richtern. Ist es vorstellbar, dass diese ‚Liebe in Person' es im Gericht anders machen wird?! Dass er dann einige von sich wegstoßen würde, dass er sie der ewigen Verdammnis ausliefern würde?! "Von Gott wird er kommen zu richten die Lebenden und die Toten." Kaum zu glauben, dass jemand, der sich für alle hingegeben hat zur Vergebung der Sünden, dass der nun plötzlich auf stur schaltet und eine ganze Reihe von Menschen zum Teufel schicken wird. Und dies womöglich im Auftrag eines Gottes, von dem es schon in alter Zeit hieß: Er habe *kein Gefallen am Tode des Gottlosen, sondern habe Gefallen daran, dass der Gottlose sich bekehrt von seinen Wegen und am Leben bleibt* (Buch Hesekiel 18,23).

2. Was wäre die Liebe Gottes wert, wenn am Ende dann doch noch kalt abgerechnet würde?! Eine endgültige Verwerfung von Menschen kann nur ein letztliches Versagen dieser Liebe bedeuten. Die Allmacht der Liebe, die Jesus verkörpert hat, wäre spätestens dann dahin. Und wir hätten heute schon Grund, unser Leben in Angst und Schrecken zu führen. Wie kann man in diesem Leben wirkliches Vertrauen in Gott fassen, wenn eben dieser Gott am Ende uns vielleicht doch noch fallen lässt?!

3. Wie kann derjenige Teil der Menschheit selig werden im Himmel, wenn er zugleich um das schreckliche Schicksal des anderen Teils wüsste? Da alle doch irgendwie miteinander verwoben sind, über familiäre, kulturelle, nationale und allgemeinmenschliche Bande?!

Das Gericht Gottes, wenn es so etwas gibt, kann nur ein Ziel haben: Ausnahmslos alle Menschen, die jemals auf Erden gewandelt sind, in die Gemeinschaft mit Gott zu führen. Und ich bin sicher, dass Gottes Liebe so unwiderstehlich ist, dass es auch bei hartgesottensten Bösewichtern gelingen wird.

Denn *Gott will, dass allen Menschen geholfen werde und sie zur Erkenntnis der Wahrheit kommen.* Dieses Wort aus dem 1. Timotheus-Brief kann so etwas wie ein Leitspruch sein. Demnach wird im Gericht Gottes jeder mit seinem eigenen Leben konfrontiert, und zwar offen und schonungslos. Ihm wird vor Augen geführt werden, in welchen Dingen die Liebe Gottes bei ihm auf Gegenliebe gestoßen ist. Er wird aber auch erfahren, wo diese Liebe kein Echo gefunden hat in dem, was er tat und dachte. Das wird sehr schmerzhaft sein, das wird richtig wehtun. Alle Versuche der Beschönigung werden nämlich erfolglos bleiben. Die „Erkenntnis der Wahrheit" wird kein Zuckerschlecken sein. Für viele von uns unangenehm, für manche hart, für einige fast unerträglich. Vor allem für diejenigen, die im Banne einer Ideologie standen. Denn ideologisch verblendet zu sein, das heißt ja, blind zu sein für die Wahrheit. Diesen Blinden werden nun im Gericht endgültig die Augen geöffnet werden. Und es wird unendlich schmerzlich sein für einen Rassisten, erkennen zu müssen, dass alle Menschen gleich viel wert sind. Es wird einem Frauendiskriminierer wehtun, einsehen zu müssen, dass Frauen gleichwertig sind. Die Schmerzen der Diktatoren in der Konfrontation mit dem, was sie getan haben, sie werden erst recht höllisch sein. Denn nichts wiegt so schwer, als sich der Liebe eines anderen verweigert zu haben. Diktatoren haben sich in der Regel der Liebe Gottes verweigert, haben sich selbst an Gottes Stelle gesetzt und die Menschen mit Krieg und Gewalt, mit Elend und Leid überzogen. Dies alles wird im Gericht Gottes ungeschönt zur Sprache gebracht werden. Es wird als zutiefst falsch, als menschenverachtend und gottlos entlarvt werden. Dem Ideologisch-Bösen wird all seine scheinbare Notwendigkeit, aber auch seine angebliche Richtigkeit und Heilsbringerschaft abgesprochen. Jede angebliche Lebensförderlichkeit wird ihm aberkannt. Das Gericht Gottes kommt dann zum Ziel, wenn sich die Gerichteten am Ende das Urteil, das über sie gesprochen wird, zu Eigen machen. Jeder Einzelne wird schlussendlich die volle Verantwortung für seine Taten und Untaten übernehmen. Es wird keine Unverbesserlichen mehr geben, keine Uneinsichtigen, keine notorisch Verbohrten. Und damit werden wir alle frei werden: frei von unseren Verblendungen, von unseren Lebenslügen, von unseren mühevollen Versuchen, uns selbst zu rechtfertigen. Und dann werden wir bereit sein. Wir werden fähig sein, aufgenommen zu werden in die vollkommene Gemeinschaft mit Gott. Das Gericht Gottes wird also nicht zugrunde richten, sondern aufrichten und herrichten. Denn alles von uns wird dann abgefallen sein, alles, was uns bis dato von Gott getrennt hat. Dann werden wir alle nur noch ein einziges Echo sein auf die Liebe, die Gott uns zukommen lässt. Das Gericht wird also nur eine Durchgangsstation sein, wenn auch eine notwendige und schmerzvolle. *Gott will, dass allen Menschen geholfen werde und sie zur Erkenntnis der Wahrheit kommen*. AMEN.

Literaturhinweise:

Markus Mühling, Grundinformation Eschatologie, 2007

Matthias Zeindler, Gott der Richter: Zu einem unverzichtbaren Aspekt christlichen Glaubens, 2004

Missverstanden und missbraucht - Das Wesen der Sünde

Hinführung

Was ist Sünde? Antworten auf diese Frage kämpfen alle mit einem doppelten Paradox. Die erste Widersprüchlichkeit besteht darin, dass wir Christen wissen, dass es Sünde gibt und dass ihre Macht groß ist auf Erden. Zugleich hoffen wir, dass uns die Sünden vergeben sind und wir frei sind von ihrem Einfluss. Wir sind also „allzumal Sünder" und wir sind es zugleich nicht mehr. Das ist das erste Paradox. Die zweite Widersprüchlichkeit besteht darin, dass schon im Mittelalter vor Versuchen gewarnt wurde, Wesen und Macht der Sünde auszuloten. „Bedenke, wie schwer die Sünde wiegt", ruft uns ein Theologe aus dem Mittelalter zu. Denn die Sünde ist mit dem Menschlichen so eng verwoben, dass man schon über das Menschliche selbst im Klaren sein müsste, um zu begreifen, was es mit der Sünde auf sich hat. Das Menschliche aber, also das, was uns Menschen zu Menschen macht, ist trotz größter wissenschaftlicher Anstrengung nach wie vor ein Bereich mit vielen unausgeleuchteten Ecken. Und ich denke, das wird auch so bleiben. Wir Menschen werden uns selbst immer ein Rätsel sein. Und damit wird auch das Phänomen der Sünde rätselhaft bleiben. Zugleich hören die Versuche nicht auf, Wesen und Gewicht der Sünde zu bestimmen. Und so stehen wir eben vor dem zweiten Paradox: Einerseits entzieht sich Sünde der menschlichen Erkenntnis. Andererseits bleibt sie doch auch Gegenstand menschlicher Erkenntnissuche. Wenn es um das Böse in der Welt geht, wenn es zu Gewalt in Familien kommt, aber auch dann, wenn Fahrlässigkeit von Behörden oder die Gier auf Manageretagen Schlagzeilen machen: Vom Gewicht der Sünde ist immer wieder die Rede, auch wenn das wahre Gewicht unaussprechbar bleibt. Das ist das zweite Paradox.

I. Liebe Freunde, offenbar gehört dies selbst schon zum Wesen der Sünde, dass es zutiefst von Widersprüchlichkeiten durchsetzt ist, dass es sich jedem Versuch entzieht, mit einer Eindeutigkeit versehen zu werden. Schon im Echo der Tradition ist Sünde so vieles: Sie sei Tabubruch, Sakrileg, d.h. Frevel gegenüber Gott und dem, was zu ihm gehört, heilige Räume, Symbole und Personen. Sünde bestehe aber auch in der Übertretung von Geboten und Verboten, sie sei Ungehorsam und damit Rebellion, die in die Abtrünnigkeit führe, in die Trennung von Gott. Von Gott her gesehen ist sie ein Bruch seiner heiligen Ordnung, Aufkündigung des Bundes zwischen Gottheit und Menschheit: „Mein treuer Gott auf deiner Seite, bleibt dieser Bund wohl feste stehn; wenn aber ich ihn überschreite, so lass mich nicht verlorengehn; nimm mich, dein Kind, zu Gnaden an, wenn ich hab einen Fall getan" (evangelisches gesangbuch 200,4). Aus Sicht der Menschen bezeichnet Sünde eher die Trennung von Gott bis hin zur Feindschaft und Ignoranz, sie ist Entfremdung bis hin zur Gottesferne. Sünde ist eine Haltung, eine Gesinnung, aber auch eine konkrete Tat. Wie heißt es so schön in einem Witz: „Als Fritzchen gefragt wird, was wir Menschen zu tun haben, damit uns Gott die Sünden vergeben kann, gibt er völlig zu Recht zur Antwort: Zunächst haben wir mal zu sündigen."

Sünde ist Zustand und Handlung zugleich. Man kann sich ihrer bewusst sein. Es gibt aber auch und vor allem die unbewusste Sünde: die Ahnungslosigkeit des anständigen Bürgers, das Böse, das sich der guten Tat bedient, die gutgemeinte Aktion mit unerwartet negativen Folgen, die intensiv betriebene Tugend, die sich als zutiefst unmenschlich entpuppt, die unproblematische Sache, die immer auch noch eine zweite Seite hat. Ja, Sünde kann auch Liebe sein, eine verheerende Liebe zu Kindern, eine selbstzerstörerische zum Partner oder eine quälende Liebe zu Tieren. Die Sünde ist ein unheimliches Phänomen, so verwirrend wie das Leben selbst. Sünde ist etwas höchst Zweischneidiges, sie hat immer ein doppeltes Gesicht. Und dies gleich in dreifacher Weise:

Erstens: Die Sünde ist ein Verhängnis, das über uns kommt und dem sich niemand entziehen kann. Sünde geschieht, ohne dass wir sie verhindern könnten. Sie ist eine menschliche Notwendigkeit. Zugleich kommt der Sünde aber auch eine Schuld zu, die uns zugerechnet wird. Sünden liegen immer auch im Bereich unserer Verantwortlichkeit. Es gibt Sünden, die durchaus vermeidbar sind. Aus diesem Grunde redet die Bibel von Sünde in der Einzahl und von Sünden in der Mehrzahl. Die Sünde in der Einzahl steht für das Verhängnis, das über jeden von uns kommt. Es ist die Sünde, die bei Kain, dem angehenden Brudermörder, schon wie ein Tier vor der Tür lauert und die Verlangen nach ihm hat wie eine Straßendirne. Ihr und ihren Verführungskünsten kann sich keiner entziehen, sie ist der ungute Einfluss, dem alle erliegen, zwingend und ausnahmslos. Die Sünden in der Mehrzahl sind dann die Konsequenzen, die sich daraus ergeben, die inneren Haltungen und äußeren Handlungen, in die sich der Mensch so verstrickt, dass sie ihm selber zugerechnet werden müssen. Denn wir Menschen sind ja keine Roboter, deren Output nur dem entspricht, was jemand anderes als Input eingegeben hat. Unser Output geht auch und vor allem auf unsere eigene Rechnung, weil er Ergebnis innerer Verarbeitungs- und Aneignungsprozesse ist. So haben wir für unsere Taten einzustehen, weil es unsere eigenen sind. Wäre es nicht so, könnte kein straffällig Gewordener mehr gerichtlich belangt werden, da man alles Böse auf ungute Einflüsse schieben könnte. Dies wäre das Ende menschlicher Verantwortlichkeit. Sünde hat uns damit ihr erstes Doppelgesicht gezeigt: Als „Sünde“ in der Einzahl ist sie eine Macht erfolgreicher Verführung, und als Sünden in der Mehrzahl sind es Neigungen und Taten auf eigene Rechnung. Die Paradies-Erzählung führt darum die Schlange als erfolgreiche Verführerin ein, die von außen die Menschen zu gewinnen sucht. Die Schlange ist damit die ‚Sünde in Person‘. Am Ende stellt Gott auch den Menschen zur Rede, da dieser sich für das, was er an Sünde getan hat, zu verantworten hat.

Das zweite Doppelgesicht der Sünde besteht aus den Beziehungen, die durch Sünde gestört werden. Die eine Beziehung ist die zwischen Gott und Mensch, die andere ist die zwischen Mensch und Mitmensch. Zwischen beiden Beziehungsstörungen besteht ein Zusammenhang. Die eine Variante geht davon aus: Ist die Beziehung zwischen Gott und Mensch gestört, kann auch die Beziehung von Mensch und Mitmensch nicht in Ordnung sein. Ich nenne sie die priesterliche Variante, denn es ist die Aufgabe von Priestern, die gestörte Gott-Mensch-Beziehung durch Opfer in Ordnung zu bringen, damit Staat und Gesellschaft funktionieren können. Die andere Variante behauptet das Gegenteil: Wenn die Beziehung zwischen Mensch und Mitmensch gestört ist, dann ist auch die Beziehung zwischen Mensch und Gott nicht in Ordnung. Dies ist vor allem die Sichtweise Jesu, der immer wieder gerade die Frommen ihrer Sünden überführt: Ein Beter brüstet sich öffentlich seiner Frömmigkeit und verachtet zugleich den armen Sünder in seiner Nähe. Dieser Fromme geht, so heißt es im Lukasevangelium, Kapitel 10, nicht gerechtfertigt nach Hause, er fällt in Gottes Augen durch. Sünde macht alle Formen von Beziehung kaputt: In der Paradies-Erzählung wird am Ende der Mensch von Gott vor die Tür gesetzt. Zugleich wird Feindschaft gesetzt zwischen Mann und Frau und ihren Nachkommen.

Die dritte und letzte Zwiespältigkeit von Sünde hebt auf die Tatsache ab, dass Sünde einerseits moralisch zu verstehen ist und zugleich etwas bezeichnet, was sich moralischer Beurteilung entzieht. Sünde ist nämlich etwas, was dem Menschen als Menschen eignet, also unbedingt zum Menschsein dazugehört. Es ist zugleich etwas,

was zur Entmenschlichung des Menschen führt, ihn am wahren Menschsein dauerhaft hindert und sich nicht gehört. In der biblischen Schöpfungsgeschichte verhilft erst die Sünde dem Menschen dazu, dass er ein Eigenleben entwickeln kann, dass Selbständigkeit und Selbstbewusstsein möglich werden. In der Paradies-Erzählung gewinnt der Mensch seine Identität dadurch, dass er den Tabubruch wagt und vom Baum der Erkenntnis isst. Erst danach vermag der Mensch zum ersten Mal „Ich" zu sagen. Zugleich verliert der Mensch etwas, den Zugang zum Baum des Lebens und damit die Einheit mit Gott sowie den Zugang zum Paradies und damit die Einheit mit dem Rest der Schöpfung. Der Mensch wird in die Zerrissenheit entlassen. Er wird zum abgekoppelten Wesen. Die Natur, die ihn fortan umgeben wird, sie wird immer in Spannung stehen zur Kultur, die er sich schaffen wird. Sünde ist also moralisch gesehen beides: neutral bis gut und zugleich problematisch bis schlecht.

II. Doch was ist Sünde denn nun konkret? Lässt sich dieses zwiespältige Phänomen noch etwas stärker füllen? Früher bezeichnete Sünde ein beschädigtes Verhältnis des Menschen zum Schöpfer. Heute werden eher Formen der menschlichen Selbstschädigung als Sünde bezeichnet: das Rauchen, das übermäßige Essen und Trinken. Menschen von heute bringen Sünde oft mit Dingen in Verbindung, die etwas mit Sex, mit Sahnetorte oder mit Luxusgütern zu tun haben. Aber auch von Umweltsünden, von Verkehrs- oder Steuersündern ist die Rede. Bohren wir etwas tiefer, dann wird mit Sünde meist eine verpasste Gelegenheit in Verbindung gebracht. Menschen in der Gegenwart haben oft panische Angst davor, etwas auszulassen oder Möglichkeiten übersehen zu haben. Alles mitnehmen, heißt oft die Devise, jede Möglichkeit, die mehr Leben, mehr Freude und Erfüllung verheißt, mehr Gewinn und Entfaltung in Aussicht stellt. Schon vor über hundert Jahren hieß es, dass mit zunehmendem Alter vor allem diejenigen Sünden an Zahl zunehmen, die man in seinem Leben unterlassen hat (Oscar Wilde).

Doch wir können noch eine andere Form von Sünde in den Blick nehmen. Sie leitet sich ab vom Baum der Erkenntnis, der laut Bibel im Paradiesgarten stehen soll. Warum wird gerade dieser Baum mit einem Ernteverbot belegt? Es leuchtet nicht recht ein, warum es ausgerechnet dieser Baum ist. Erkenntnis ist doch nichts Schlechtes. Im Gegenteil, wer Gutes von Bösem zu unterscheiden weiß, wer über ein sicheres Wissen verfügt, was gut ist und was nicht, der darf sich doch höchst glücklich schätzen. Die Bibel sagt es selbst: Wer die Früchte vom Baum ist, wird klug, nicht böse. Christliche Auslegungen nehmen gern zu der Erklärung Zuflucht, dass nicht die Art des Baumes problematisch sei, sondern die formale Tatsache, dass sich der Mensch über ein Verbot Gottes hinwegsetze. Der Ungehorsam sei das Problem, nicht der Genuss der Früchte an sich. Außerdem wird darauf hingewiesen, dass im Übertreten des Verbotes zugleich eine Anmaßung stattfinde, nämlich sein zu wollen wie Gott. Meiner Meinung nach verfangen beide Argumente nicht wirklich. Um die bloße Übertretung mit dem Stigma der Sünde zu versehen, hätte es beispielsweise auch ein Baum der Lüste sein können. Und wer anderes als Gottes Ebenbild hätte das Recht, gerade an diesem Punkt so zu sein wie Gott? Nein, der Baum der Erkenntnis ist nicht ohne Hintersinn gewählt worden. Speziell von seinen Früchten zu essen, bringt die Sünde in die Welt. Dabei sind die Früchte in sich selbst verlockend, eine Lust für die Augen und anziehend für den Geist. Die Sünde, die hier geboren wird, ist der Drang des Menschen nach Eindeutigkeit. Dieser Drang nach Eindeutigkeit erfüllt alle Kriterien für das, was wir mit Sünde verbinden. Denn wir Menschen leben in einer Welt verwirrender Vielfalt. Wir müssen uns darin zurechtfinden, wir bedürfen der Orientierung. Wir müssen die Welt in Schwarz und Weiß einteilen, in Gut und Böse, in Gerecht und Ungerecht, in Lebensfeindlich und Lebensdienlich. Ohne diese eindeutigen Urteile könnten wir in der Vielfalt der Dinge nicht überleben. Wir sind daher gezwungen, vom Baum der Erkenntnis zu naschen. Das ist unser Schicksal, zugleich ist es unsere Not. Denn wir lösen die Vielfalt auf zu unseren Gunsten. Ein anschauliches Beispiel sind kleine Kinder. Sie gelten als unschuldig, und doch verlieren sie ihre Unschuld spätestens beim ersten Quengeln. Kleinkinder stellen plötzlich fest, dass sie nicht allein auf der Welt, ja mehr noch, dass sie nicht einmal deren Mittelpunkt sind. Da gibt es noch andere, die ebenfalls ihren Willen haben, ihre Bedürfnisse und Wünsche anmelden. Diese Erkenntnis wird zunächst einmal als Kränkung empfunden, gegen die man mit Geschrei ankommen möchte. Man möchte sich wieder zum Mittelpunkt machen, alle Sorge und Aufmerksamkeit auf sich lenken. Aus der wahrgenommenen Vielfalt möchte das Kind wieder eine Welt machen, in der nur einer zählt, es selbst. Sünde ist also der Drang nach Eindeutigkeit im Umgang mit Vielfalt. Und dieser Umgang heißt in der Regel Reduktion auf das Eigene durch Ausblendung des Anderen. Wir finden ihn in den Wissenschaften, die alle ihre Gegenstände immer nur aus einer bestimmten Perspektive betrachten und für die Phänomene anderer Erkenntnisbereiche immer „nichts anderes als..." sind. Wir finden den Drang nach Eindeutigkeit in der

Wirtschaft, in der die Welt oft genug unter einseitigen Gesichtspunkten betrachtet wird. Wir vermuten ihn in der Politik, wenn das Gemeinwohl hinter bestimmten Gruppeninteressen zurückstehen muss. Der Drang nach Eindeutigkeit macht zwar handlungsfähig, er verleiht der Zielstrebigkeit Flügel und ist ein Grundpfeiler jeder Kultur. Er tut dem Leben in seiner Vielfalt und der Welt in ihrer Buntheit aber auch großes Unrecht an, indem Rechte und Ansprüche anderer unberücksichtigt bleiben und Schwarz-Weiß-Malereien zu verzerrten Urteilen führen. Die Früchte vom Baum der Erkenntnis machen klug, sie machen zugleich blind. Sie verlocken zum Reduktionismus, verführen zu handhabbaren Rezepten und verleiten zu schlüssigen Sichtweisen. Zugleich müssen wir für deren Schäden gerade stehen, ob im Bereich gutgemeinter Umwelt- und Energiepolitik oder im Umgang mit ausländischen Mitbürgern. Fehlentwicklungen gehen ja meist auf kluge Konzepte zurück. Und Fehleinschätzungen verdanken sich verhältnismäßig selten der Dummheit. Für das Missratene gibt es immer gute Argumente, das Böse tarnt sich mit der Maske des alternativlos Notwendigen.

Der Drang nach Eindeutigkeit wirkt sich sowohl im Bereich der Gott-Mensch-Beziehung als auch im Verhältnis zum Mitmenschen problematisch aus. Um von Gott reden zu können, müssen wir uns eine Vorstellung von ihm machen. Aber wir dürfen Gott nicht auf diese Vorstellungen festlegen. Wir müssen uns ein Bild von ihm machen und dürfen es zugleich nicht anbeten, d.h. spirituell fixieren. Dabei wird Gott nur allzu gern festgelegt, vor allem auf einen lieben und gütigen Großvater. Doch er kann auch zornig und unerbittlich sein, neidisch und leidenschaftlich. Gott ist vielfältig, das zeigen die Geschichten der Bibel, darauf legt vor allem die reformierte Tradition mit ihrem Bilderverbot großen Wert. Gott auf einen Nenner zu bringen, hieße, ihn auf die Größe des menschlichen Verstandes zu reduzieren. „Gott ist größer", rufen die Muslime zu Recht aus. Und sie legen ihm 99 Namen bei, um seine Vielfalt zu sichern. Wer Gott seine Vielfalt nimmt, macht sich einen Götzen, einen Gott nach seinem eigenen Bilde. Dass Gott dem Mose seinen Namen nicht verrät, dass er sich flüchtet in ein „Ich bin, der ich bin", ist ein Beleg dafür, wie ausweichend Gott reagiert, wenn er mit dem menschlichen Drang nach Eindeutigkeit konfrontiert wird. Im Blick auf die Mensch-Mensch-Beziehung führt der Drang nach Eindeutigkeit in der Regel zu einem Schubladen-Denken. Wir teilen Menschen nach Kategorien wie nahestehend und fernstehend ein, sympathisch und unsympathisch, entwicklungsfähig und hoffnungslos. Und verbauen uns damit den Blick darauf, dass

Menschen immer mehr sind als das, wofür wir sie halten. In der Szene, in der sich Jesus vor die Ehebrecherin stellt, wird deutlich: Die, die schon mit dem Wurfstein in der Hand dastehen, sie sind nicht die Unschuldslämmer, für die sie sich halten. Sie sind genauso Sünder wie die von ihnen verurteilte Frau und haben darum das Recht verwirkt, den ersten Stein zu werfen. Die Frau aber, sie ist nicht nur eine Sünderin, sie ist auch ein Mensch, der das Zeug hat, fortan nicht mehr zu sündigen. Wäre ihrem Leben im Steinhagel ein Ende gesetzt worden, wäre von dorther ihr ganzes Leben eindeutig als Sünde gebrandmarkt worden. So aber eröffnet ihr Jesus die Möglichkeit, ein noch ganz anderes Leben als das bisherige zu führen. Jesus erlöst sie vom Fluch der Eindeutigkeit und schickt sie in die Welt der vielfältigen Möglichkeiten zurück. Und Jesus plädiert dafür, im Feind auch den zukünftigen Freund zu vermuten, im ausgegrenzten Zöllner einen echten Spross Abrahams, im römischen Hauptmann einen Menschen, der ebenfalls dem Gott Israels nahe steht. Die Frommen hingegen, sie können auch als Ungerechte entlarvt, die Schriftgelehrten als Heuchler enttarnt und eigene Jünger als Werkzeuge des Bösen identifiziert werden. Denn jeder Mensch ist vieles, im Guten wie im Bösen. Sich selbst als gläubig, andere aber als notorisch ungläubig anzusehen, nur weil er anders lebt, ist deshalb eine der größten Sünden, der Fromme zu allen Zeiten unterliegen.

Menschen kommen freilich ohne Eindeutigkeiten nicht aus. Die Vielfalt der Welt legt uns nahe, Eindeutigkeiten herauszubilden. Dies hat Folgen für unsere Bilder, für unsere Weltbilder, für unser Gottesbild, für unser Menschenbild. Es hat Folgen für unsere Haltungen und Handlungen, moralisch, pädagogisch, sozial und politisch. Der Drang zur Eindeutigkeit gehört zum Menschsein dazu, er lockt mit Hilfe und sicherer Orientierung, er legt zugleich den Keim für Ausblendung und Ausgrenzung. Und das moderne Leben ist angewiesen auf beides: sich in der verwirrenden Vielfalt der Welt nicht zu verlieren und zugleich die Buntheit des Lebens nicht auf ein Einheitsgrau zu reduzieren. Hier kommt wieder das christliche Paradox ins Spiel: Wir alle sind notwendigerweise Sünder und brauchen es doch nicht mehr zu sein. In uns rumort der Drang zur Eindeutigkeit. Aber wo wir ihm nachgeben, dürfen wir es tun in der Gewissheit, dass uns die Schuld, die wir dabei möglicherweise auf uns laden, nicht mehr zur Last gelegt wird. Wir dürfen uns vielmehr frei dem stellen, was unsere Eindeutigkeiten anrichten. Wir dürfen Fehleinschätzungen eingestehen und einseitige Sichtweisen korrigieren, ohne dass wir uns selbst aufs Spiel setzen. Zugleich brauchen wir uns vor der Vielfalt nicht zu fürchten. Die Vielfalt des Lebens und der

Welt stellen keine Gefahr für uns dar. Wir können unsere Furcht und Abneigung gegenüber dem Vieldeutigen ablegen. Wir sind in die Lage versetzt, auch den Andersartigen zu ertragen. Das Aushalten von Differenz ist in einer modernen Gesellschaft, in der Menschen unterschiedlicher Couleur auf engstem Raum zusammenleben, in der verschiedene Lebensstile direkt aufeinanderprallen und jeder sein eigener Manager und sein eigener Papst geworden ist, die Tugend der Zukunft. Sie zu erwerben ist aber nur dem möglich, der in Offenheit und Vielfalt mehr die Chancen sieht als eine Gefahr. Schon jetzt haben Menschen unter uns nicht nur eine Herkunftskultur, sind sie an vielen Orten zuhause, vereinigen sie mehrere Identitäten in sich selber und erkennen Wahrheit nur noch im Plural an. Gott aber ist selber schon in sich selbst vielfältig, dreifaltig. Und dieser vielfältige Gott hat uns vom Zwang zur Eindeutigkeit erlöst, indem er uns mit Jesus die Befreiung zur Vielfalt vor Augen stellt. Denn auch Jesus ist vieles, Gottes Sohn und Messias, Davidssohn und Menschensohn, König und Prophet, Guru und Heiler und noch vieles andere, ohne dass er sich auf eine dieser Bezeichnungen eindeutig festlegen ließe. Er machte aus Kranken Geheilte, aus alten Sündern neue Menschen, weil er eindeutige Urteile über die Menschen ablehnte. Er nahm auch dem jüdischen Gesetz seine Eindeutigkeit, indem er Heilungen sogar an Tabutagen vornahm. Auch wir sind der Sünde der Eindeutigkeit nicht ganz schutzlos ausgeliefert. Als Kain auf die Sünde aufmerksam gemacht wird, die vor der Tür lauere, fordert ihn Gott zugleich auf: *Du aber herrsche über sie.* Lasst uns den Drang zur Eindeutigkeit beherrschen, indem wir ihm nachgeben, wo es notwendig ist, wo das Gute gut geheißen und das Böse beim Namen genannt werden muss. Lasst uns zugleich Freude haben an der Vielfalt des Lebens und an der Buntheit der Welt. Und die zurückweisen, die die Menschheit bereits in Gute und Böse aufgeteilt haben, in Gewinner und Verlierer. Damit die Sünde der Eindeutigkeit nicht herrsche über uns. AMEN.

Konsumismus – die erfolgreichste Weltreligion der Spätmoderne

Hinführung

Der Konsum, die Konsumgesellschaft und ihre Lebensphilosophie sollen im Mittelpunkt einer kritischen Auseinandersetzung stehen, die sich nicht als Angriff auf die bestehende Wirtschaftsordnung versteht. Es gibt zur kapitalistischen Wirtschaftsordnung zur Zeit keine wirkliche Alternative, wohl aber genügend Gründe, diese Art des Wirtschaftens zu modifizieren. Denn die Marktwirtschaft befindet sich in steter Entwicklung und lässt verschiedene Spielarten zu. Und innerhalb derer sind auch alternative Formen des Konsums möglich - und notwendig. Die übliche Kritik am Konsum ist oft eine moralische. Moralische Konsumkritik zieht gegen das Konsumdenken zu Felde, eine Denke, die zum Kaufrausch, in vielen Fällen sogar zur Kaufsucht verführt. Acht Prozent der Bevölkerung in Westdeutschland gelten als stark kaufsuchtgefährdet, mehr als zwanzig Prozent als deutlich gefährdet. Junge Frauen sind dabei stärker betroffen als Männer, Jugendliche stärker gefährdet als Erwachsene[1]. Auch eine ganze Reihe von Privatinsolvenzen wird auf überzogene Konsumansprüche zurückzuführen sein. 2009 hat die Zahl der Insolvenzen die Rekordhöhe aus 2007 von 105.000 deutlich überschritten. Obwohl viele Gründe dafür anzuführen wären, besteht einer von ihnen in der Tatsache, dass ältere Generationen, die noch zur Tugend der Sparsamkeit erzogen worden sind, abtreten und dass nachrückende Generationen der Versuchung eines ungebrochenen und schier grenzenlosen Konsums ausgesetzt sind, ohne es jemals gelernt zu haben, mit grundlegendem Mangel materieller Art zurechtzukommen. Während die Älteren oft Schwierigkeiten damit hatten, sich selber etwas zu gönnen, bestehen die Schwierigkeiten der Jüngeren eher darin, die Höhe ihrer Ausgaben mit der Höhe der Einnahmen in Einklang zu bringen.

Gegen das verbreitete Konsumdenken zu wettern, richtet wenig aus. Man muss den Dingen auf den Grund gehen. Und genau dies wollen wir aus christlich-theologischer Perspektive versuchen. Was macht der Konsum eigentlich mit uns, mit unserem Denken und Empfinden, mit unserer Seele? Dass unsere Gesellschaft zu viel konsumiert, mehr als ökologisch vertretbar ist, hat sich inzwischen herumgesprochen.

[1] Prisching, 125f.

Aber das ändert noch wenig bis nichts. Dass wir mit vielen Produkten eine falsche Form des Wirtschaftens unterstützen und dass es dazu Alternativen gibt, ist die Botschaft der kirchlichen Eine-Welt-Läden.

Das Schwierige an einer kritischen Auseinandersetzung mit dem Konsum ist, dass er zwei verschiedene Gesichter hat und dass es ihm regelmäßig gelingt, das problematische Gesicht hinter dem freundlichen zu verbergen. So kann Konsum krank machen, zugleich wird in der Verhaltenstherapie das unkontrollierte ‚Shoppen' bereits erfolgreich als Heilmethode eingesetzt. Krebspatienten werden angeleitet, sich monatlich einen begrenzten Geldbetrag zurückzulegen, um ihn dann spontan und ohne bewusste Zweckbestimmung einfach auszugeben. Das führe, so heißt es, zu euphorischen Glückszuständen und entspanne gerade nach belastenden Chemotherapien. Das ist sicherlich ein Extrembeispiel, zeigt aber gut das Doppelgesicht des Konsums. Ebenfalls schwierig ist der Umstand, dass wir alle Teil der Konsumgesellschaft sind, von ihr privat wie beruflich profitieren. Konsum ist nicht alles, aber ohne Konsum ist alles nichts: Auch das macht eine Auseinandersetzung mit ihm nicht einfach. Und doch verfügen gerade wir Christenmenschen über eine Form souveräner Freiheit, die uns in die Lage versetzt, uns mit Nüchternheit und mit dem notwendigen Abstand der erfolgreichsten Lebensphilosophie der Neuzeit zu nähern. Es ist eine andere Freiheit als die, einkaufen zu können.

Kolosserbrief, Kapitel 4 und 5 – Weisungen für ein Leben im Licht

> *4,17 So sage ich nun und bezeuge in dem Herrn, dass ihr nicht mehr leben dürft, wie die Heiden leben in der Nichtigkeit ihres Sinnes. Ihr Verstand ist verfinstert, und sie sind entfremdet dem Leben, das aus Gott ist, durch die Unwissenheit, die in ihnen ist, und durch die Verstockung ihres Herzens. (…) Legt von euch ab den alten Menschen mit seinem früheren Wandel, der sich durch trügerische Begierden zugrunde richtet. Erneuert euch aber in eurem Geist und Sinn und zieht den neuen Menschen an, der nach Gott geschaffen ist in wahrer Gerechtigkeit und Heiligkeit.*
>
> *5,6 Lasst euch von niemandem verführen mit leeren Worten… . Lebt als Kinder des Lichts; die Frucht des Lichts ist lauter Güte und Gerechtigkeit und Wahrheit. Prüft, was dem Herrn wohlgefällig ist, und habt nicht Gemeinschaft mit den unfruchtbaren Werken der Finsternis; deckt sie*

vielmehr auf. (...) So seht nun sorgfältig darauf, wie ihr euer Leben führt, nicht als Unweise, sondern als Weise. Und sauft euch nicht voll Wein, woraus ein unordentliches Wesen folgt, sondern lasst euch vom Geist erfüllen.

I. Liebe Freunde, warum ist Konsum ein Thema für uns? Warum sollten wir uns als Christinnen und Christen mit Konsum auseinandersetzen? Mir fallen drei Gründe ein, dies zu tun.

(1) Der erste Grund liegt auf der Hand: Wir alle leben in einer Konsumgesellschaft. Und wir leben zugleich von dieser Konsumgesellschaft. Wie wichtig der Konsum ist, zeigt sich daran, dass Schlagzeilen gefüllt werden, sobald der Konsum nachlässt. Die so genannte Binnennachfrage zu steigern und auf hohem Niveau zu halten ist ein wirtschaftspolitisches Hauptziel. Es hat den Anschein, als könne der Staat eher damit leben, wenn Menschen keine Arbeit haben, als wenn Bürger nicht konsumieren können. Der Verlust der Arbeitskraft ist leichter zu ertragen als der Verlust der Kaufkraft[2]. Eine Konsumgesellschaft zeichnet sich darin aus, dass Konsum nicht allein der Versorgung mit Gütern dient. Eine Konsumgesellschaft ist eine Lebensweise, eine Lebensphilosophie. Sie treibt eine Gesellschaft an, immer mehr und immer hochwertigere Güter zu produzieren. Dies führt dazu, dass der Lebensstandard zu einem Wert wird, der höher steht als andere Werte. Damit wird eine Grundhaltung erzeugt, die das Kaufen und Verbrauchen zu einer Selbstverständlichkeit im Alltagsleben macht, mehr noch: Konsum wird zu einem Grundrecht und zum Garanten für das eigene Glück.

Die Konsumgesellschaft im engeren Sinne ist notwendigerweise eine Überflussgesellschaft, eine Gesellschaft, die sich in vier Etappen entwickelt hat[3]. Am Anfang steht eine Welt, in der bereits vorhandene Bedürfnisse mit Gütern befriedigt werden. Es gibt nach wie vor Weltgegenden, die von dieser Stufe noch weit entfernt sind, in denen die einfachsten und lebensnotwendigen Bedürfnisse nicht befriedigt werden. Dort aber, wo die einfache Güterversorgung mit Hilfe industrieller Produktion gelang, stellte sich alsbald eine Sättigung ein. Sobald diese eintritt, müssen weitere Bedürfnisse erzeugt werden, solche, die über die lebensnotwendigen hinausgehen:

[2] Meschnig / Stuhr, 15.

[3] Dies., 42ff.

Bedürfnisse des Komforts und der Lebensverfeinerung. Der Konsument wird zum Objekt der Verführung, weil ihm diese Bedürfnisse oft erst schmackhaft gemacht werden müssen. Wenn aber erst einmal diese Bedürfnisse geschaffen und mit Gütern befriedigt worden sind, stellt sich die Aufgabe, einen weiteren Schritt zu gehen: von den nicht lebensnotwendigen Gütern zu denen, die eigentlich unnötig sind und deshalb so beworben werden müssen, dass sie den Verbrauchern bald als unverzichtbar erscheinen. Es geht nicht mehr darum, schlummernde Bedürfnisse zu wecken, sondern völlig neue zu erzeugen. Weil aber auch hier eine Grenze erreicht wird, müssen schließlich Produkte auf den Markt, die über ihren Gebrauchswert hinaus Gefühle vermitteln: Sie sollen unterhalten, das Selbstwertgefühl steigern, glücklich machen. Diese Güter wollen Bedürfnisse befriedigen, die abseits ihrer eigentlichen Anwendungsgebiete liegen. Perfekte Produkte schaffen es darüber hinaus, nichts mehr über ihre Entstehung zu verraten. Man riecht an Handys nicht den Schweiß, den afrikanische Bergarbeiter vergossen haben, um an die notwendigen Spezialmetalle zu kommen. Man merkt der Markenjeans nicht an, dass sie von einer asiatischen Arbeitssklavin für einen Hungerlohn zusammengenäht wurde. Man schmeckt der Haselnuss-Creme nicht ab, dass für die Erntearbeiten der Nüsse türkische Kinder eingesetzt wurden.

Die Konsumgesellschaft ist die Welt, in der wir leben. Ob wir wollen oder nicht. Und ganz gleich, welche Rolle wir darin spielen: als ökologisch bewusste Akademikerfamilie oder als schlechtgestellte und überforderte Alleinerziehende, ob als aktiver Senior oder als statusorientierter Karrieresingle. Jeder verbraucht irgendwas, jeder ist Konsument. Das Marketing unterscheidet gern Typen wie diese[4]: Da ist der risikofreudige Abenteurer, dessen Vorbild der Marlboro-Cowboy ist, da ist der Lust betonende Hedonist, der auf die Bacardi-Werbung steht, und der Genießer, dem der Slogan der dm-Märkte aus der Seele spricht „Hier bin ich Mensch – hier darf ich sein." Dann gibt es noch den konservativen Bewahrer, der preis- und qualitätsbewusst ist und daher ausschließlich Zahnbürsten kauft, die von Dr. Best persönlich entwickelt und für gut befunden wurden. Der Disziplinierte hingegen achtet darauf, dass mit den Lebensmitteln alles stimmt: die Herkunftsangabe, die Liste der Inhaltsstoffe und vor allem die Kalorienzahl, die ihm fast wichtiger ist als der Geschmack. Der Performer hingegen konsumiert demonstrativ, wechselt häufig

[4] Dies., 66ff.

Brille und Auto, führt gern den neuesten technischen Schnickschnack vor und achtet darauf, dass der jeweilige Markenname gut zu lesen ist. Schließlich gibt es den Zufriedenen, den Otto Normalverbraucher, der große Warenhäuser und Resterampen mag. Er liebt Massenprodukte, mag es gerne preiswert, wenn nicht gar billig und ist stolz darauf, wenn er ein Schnäppchen machen kann. Lebensstile und Milieus sind längst auch bei den Kirchen in den Fokus der Aufmerksamkeit geraten. Wer für diese Gesellschaft Angebote machen will, muss diese Gesellschaft kennen, gerade auch als Konsumgesellschaft. Jede zweite Katechumenin gab schon vor Jahren an, dass ihr Lieblingshobby das ‚Shoppen-gehen' sei. Schon deshalb ist es wichtig, sich mit Konsum auch aus christlicher Perspektive auseinanderzusetzen.

(2) Als zweiter Grund ist die Nähe auffällig, die der moderne Konsum zum Bereich des Religiösen aufweist. Konsum gilt vielen als ein universaler Heilsbringer, die Shopping-Malls werden ungeniert als ‚Konsumtempel' bezeichnet. Einkaufszentren sind die neuen „Kathedralen der Moderne". Sie nehmen in Innenstädten die zentralen Lagen ein, die früher den Domkirchen vorbehalten waren. Das Sonderangebot der Woche ist das Evangelium für den Konsumenten. Die Gebrauchtwarenbörse ebay fasst ihre Überzeugungen in einem ‚Katechismus' zusammen, der mit den Worten beginnt: „Wir glauben, dass die Menschen gut sind. Wir glauben, dass eine offene Gemeinschaft das Beste in den Menschen hervorbringt..."[5] . Darüber hinaus spielt die Produktwerbung immer wieder gerne mit religiösen Motiven, mit Versatzstücken aus der Bibel und dem kirchlichen Leben. Religiöse Motive besitzen eine große Symbolkraft und noch immer einen hohen Bekanntheitsgrad. Mit ihnen sind oft Tabus verbunden, die, wenn sie bewusst gebrochen werden, für einen hohen Grad an Aufmerksamkeit sorgen: Mönch küsst Nonne, Nonne schleckt Eis oder trägt Dessous. Beliebt sind auch ‚Adam und Eva-Szenen', zu zweit im Renault oder als ‚Opfer' eines verführerischen Desserts. Ganz zu schweigen von der Engellehre der Provinzial-Versicherung ‚Immer nah, immer da'. Diese Beispiele sollen reichen, um zu zeigen, dass religiöse Motive nicht nur den Kirchen gehören, ja, dass die Kirchen ihre Deutungshoheit über biblische Motive und kirchliche Symbole sogar verlieren können. Was Engel sind, bestimmt zunehmend die Werbung und nicht der Kindergottesdienst. Gut möglich, dass dabei religiöse Motive nicht nur gebraucht, sondern auch verbraucht werden. Der kommerziellen Ausschlachtung von Kultur-

[5] Dies., 130.

gütern sind nämlich durchaus Grenzen gesetzt. Es kann sein, dass biblisch-religiöse Motive mit der Zeit immer mehr Überdruss hervorrufen und schließlich ihre Werbewirksamkeit verlieren. Am Ende wären diese Versatzstücke ausgehöhlt und würden von der Werbung als sinnentleerte Hüllen fallen gelassen werden.

Ungleich intelligenter sind demgegenüber indirekte Anleihen, die das Marketing bei der Religion macht. Etwa wenn in der Wolfsburger Autostadt Fahrzeuge wie Fetische, wie Kultgegenstände in Szene gesetzt werden oder Nike sein Markenzeichen so fest mit sich verbindet, dass auf einen Schriftzug ebenso verzichtet werden kann wie beim Kreuz, dem christlichen Zentralsymbol. Logos werden überhaupt wie Totemzeichen eines Indianerstammes verwendet, so dass der Begriff ‚Stamm'-Kunde eine ganz neue Bedeutung erhält: Man sammelt sich in *communities*, zu Deutsch: ‚Gemeinden', um ein Markensymbol herum, das eine Form von Seligkeit verspricht[6].

(3) Ich komme damit zum dritten Grund, der dafür spricht, sich aus christlich-theologischer Perspektive mit Konsum zu beschäftigen. Konsum hat sich einen festen Platz im Herzen vieler Menschen verschafft. Und mein Verdacht ist: Da im Herzen nur begrenzt Platz ist, sitzt der Konsum jetzt da, wo vorher andere sinnstiftende Größen ihren Platz hatten: Religion, kulturelle Bildung, aber auch soziale Fähigkeiten. Gerade die Religion, so scheint es mir, wurde allmählich rausgedrängt und als Sinnstifterin in weiten Teilen überflüssig gemacht. Wenn das stimmt, so stellt sich die Frage, warum das so ist. Die Religion könnte sich fragen: Was hat der Konsum, was ich nicht habe? Ist der Konsum selbst eine Religion? Oder tut er nur so? Im ersten Fall wäre er eine Ersatzreligion, im anderen Fall ein Religionsersatz.

Ich bin der Auffassung, dass der Konsum keine Ersatzreligion ist, sondern ein Religionsersatz. Um Religion zu sein, müsste der Konsum uns in irgendeiner Weise mit Gott in Verbindung setzen. Das tut er nicht. Dass er sich religiöser Versatzstücke bedient, ist nur Masche, eine Strategie, um Aufmerksamkeit für Produkte zu erheischen. Und Konsum als täglichen Gottesdienst zu bezeichnen, lässt sich auch nur in einem sinnbildlichen, und das heißt uneigentlichen Sinne verstehen. Das macht den Konsum in seiner modernen Erscheinungsweise aber nicht unproblematischer. Denn es bleibt die begründete Vermutung, dass sich Konsum zu einem Religionsersatz gemausert hat. Er tritt damit an die Stelle von Religion, ohne selbst Religion zu

[6] Dies., 58f.

sein. Und er hindert die Religion daran, Menschen zu erreichen, weil sie vom Konsum schon vollständig in Beschlag genommen werden. Denn Konsum ist immer auf Expansion aus, auf Verbreitung und Eroberung neuer Lebensfelder. Konsum greift aus auf die Ruhe- und Erholungszeiten, indem er mit erweiterten Öffnungszeiten den freien Abend und die Sonntagsruhe in Bedrängnis bringt. Konsum hat bereits große Teile der Freizeit in Beschlag genommen, sei es durch Teleshopping vor dem Fernseher, durch Internet-Shopping rund um die Uhr, durch Flohmärkte und Verkaufsmessen an allen Orten und zu allen Zeiten. Mittlerweile sorgen Outlet-Center dafür, dass gesteigerte Formen von Konsum auch Einzug in klassische Ferien- und Urlaubsgebiete halten. Konsum wird nicht eher ruhen, bis auch der letzte Winkel des Alltags ein Markt geworden ist, ein Ort des Erwerbs und des Verkaufs, der Tauschgeschäfte und Tauschbeziehungen. Da bleibt für anderes eben wenig Platz mehr. Das alles ist aber für die meisten Zeitgenossen alles andere als ein Grund zur Klage. Denn der moderne Konsum schafft es, die allermeisten Menschen für sich zu einzunehmen, ja für sich regelrecht zu begeistern: Als alle hatten, was sie zum Leben brauchten, und dann auch das hatten, was sie eigentlich nicht brauchten und trotzdem gern besaßen, da bekamen sie Güter angeboten, die mehr versprachen als die, die bloß auf alte und neue Bedürfnisse geantwortet hatten. Die Menschen bekamen Güter mit ungeheuren Verheißungen dargeboten. Und diese Verheißungen gingen und gehen weit über das hinaus, was das Produkt selbst zu leisten imstande ist. Es sind Güter, die den Menschen versprechen, wunderbare Erlebnisse zu bescheren. Und manche schaffen es sogar, den Menschen die Verwandlung ihrer selbst in Aussicht zu stellen: Freiheit zu erhalten mit Hilfe einer Zigarettenmarke, Kraft zu tanken in einem Geländeauto, Eternity, d.h. Ewigkeit zu erlangen durch ein Parfum. Es fing einmal an mit einem Waschmittel und dem Versprechen, dass es nicht nur für Sauberkeit, sondern auch für Reinheit sorge. Rein zu sein war und ist aber nicht nur eine Frage der Hygiene. In Reinheit schwingen auch moralische Aspekte im Sinne von Unschuld mit, schimmern auch religiöse Dimensionen wie Sündlosigkeit und Heiligkeit durch. Wer hat noch eine Beichte nötig, wenn seine Kleidung schon ‚porentief rein' ist? Wer fragt noch nach Heil und Seligkeit, wenn ihm Güter zur Verfügung stehen, die ihm Glück und Wohlbefinden, Attraktivität und Selbstachtung bescheren?

„Lasst euch nicht verführen mit leeren Worten" – dieser Aufruf findet sich im Neuen Testament, im Brief an die Epheser, Kapitel 5. Dieser Text ist eigentlich für eine andere Zeit und für eine andere Kultur geschrieben worden. Und doch geht von ihm ein Signal aus. Der Text fordert von seinen Hörern, bewusst auf Abstand zu gehen. Er ruft zur Distanz auf, weil nur von dorther so etwas wie Aufklärung möglich wird, etwas, was der Epheserbrief als ein „Prüfen“ und „Aufdecken“ bezeichnet. Kritik am Konsum bedeutet immer auch, Kritik an sich selber zu üben, bedeutet, sich von Leitbildern ebenso zu lösen wie von Selbstverständlichkeiten. Darum werden wir aufgerufen, nicht so zu leben wie andere „in der Nichtigkeit ihres Sinnes, in Unwissenheit und der Verstockung ihres Herzens“. Legt vielmehr den alten Menschen ab, heißt es da, und lebt als Kinder des Lichts. Führt euer Leben als Weise und bleibt nüchtern. Lasst euch und eure Sinne nicht vom Wein benebeln, sondern lasst euch vom Geist erfüllen. Auf diese Weise können auch wir dem Wesen des Konsums auf die Schliche kommen. Ohne heilsamen Abstand, ohne einen nüchternen Blick, der auch uns selbst unter die Lupe nimmt, werden wir den Konsum nicht durchschauen. Und das Schöne ist: Wir Christinnen und Christen sind dazu in der Lage, weil wir, wie es heißt, nicht „dem Leben entfremdet sind, das aus Gott ist“. Weil der Wandel, der sich „durch trügerische Begierden zugrunde richtet“, nicht das Leben ist, das uns zu Gebote steht. Auch darum sollen wir uns mit dem Konsum auseinandersetzen, eben weil wir die Freiheit dazu haben.

II. Liebe Freunde, in früheren Zeiten wurden Produkte für noch sehr irdische Bedürfnisse beworben: Sie sollten dem Schutz und der Beweglichkeit dienen, der Sauberkeit, dem Komfort und dem Vergnügen, sie sollten schmecken und satt machen, warm halten und schmücken, bilden und gesund erhalten. Mit einem Satz: Sie sollten leisten, wozu sie gefertigt worden waren. Ihr Sinn lag im Gebrauchswert. Heutzutage werden Produkte beworben, die mehr leisten sollen: Sie sollen den Käufer zu sich selber führen, ihn unverwechselbar machen. Sie sollen ihn eins werden lassen mit allem, ihn immer wieder neu erfinden lassen. Mit einem Satz: Sie sollen dem Konsumenten den Himmel auf Erden erschließen. Darin liegt ein Mehrwert, der den bloßen Gebrauch überschreitet. Bestimmte Marken wollen uns mit ihrem Image, ihrer Aura, ihrem Flair auf ungeahnte Höhen hieven: Adidas erklärt, das es alles „besser macht“, Danone, „dass es unser Wohlbefinden garantiert“. Die Levi's-Jeans verspricht, dass „eines Tages die Freiheit allen passen“ wird, Nike, dass es bei der Selbstverwirklichung hilft. Benetton bekämpft den Rassismus, Krombacher rettet den Regenwald, Lacoste zitiert den Philosophen Nietzsche: „Werde, was du bist“. Und Starbuck's verkauft keinen Kaffee, sondern vermittelt das „Aroma des alten Europa“. Wer Audi fährt, erhält einen ‚Vorsprung durch Technik', wer SAT 1 schaut, verleiht seinem Leben Farbe. Die Marken erinnern in ihrer Verführungs- und Verheißungsmacht an Mächte, die im Neuen Testament ‚Weltelemente' genannt werden. Sie finden im Brief Erwähnung, der an die Gemeinde im griechischen Kolossä gerichtet ist. Diese Weltelemente stammen ursprünglich aus der antiken Philosophie. Was sie genau meinen und darstellen, ist unter Experten nach wie vor umstritten. Aber so viel lässt sich mit Sicherheit sagen: Es sind Mächte, die das Leben der Menschen bestimmen. Sie treiben Menschen an, nach ihren Regeln zu leben. Der Autor des Kolosserbriefes bittet nun die Gemeinde, sich diesen Forderungen zu widersetzen. Er behauptet, dass diese Mächte nicht die obersten Kräfte des Himmels darstellen. Im Gegenteil. Über ihnen gibt es den eigentlichen Himmel, regiert von Christus, der das ‚Haupt aller Mächte und Gewalten' ist. Die Mächte, die Einfluss auf das Leben der Menschen nehmen, werden damit zu Zwischenmächten degradiert, sie werden zu etwas Nachrangigem erklärt.

Als solche sind sie aber nicht ohne. Sie scheinen alles zu tun, den Menschen diesen übergeordneten Himmel auszureden. Sie halten die Menschheit in der diesseitigen Welt fest und machen sie sich untertan. Auch dem widersetzt sich der Kolosserbrief. Er redet der Gemeinde dabei nicht die Existenz dieser Zwischenmächte aus. Dafür sind ihre Macht und Einflussmöglichkeiten viel zu real und viel zu groß. Der Kolosserbrief relativiert aber diese Macht, indem er die Zwischenmächte Jesus Christus unterstellt. Ja, er geht soweit, dass er sogar von einer Entmachtung der Weltelemente reden kann, wenn es darum geht, den Menschen ihre Freiheit zurückzugeben, ihnen die Möglichkeit zu alternativem Handeln zuzusprechen. Sie müssen nicht länger nach der Pfeife der Weltelemente tanzen. Denn sie stehen durch ihren Glauben in Verbindung mit dem wahren Himmel. Sie können das falsche Spiel der Zwischenmächte durchschauen und sich als Getaufte ihrem Einfluss entziehen. Hören wir nun den Autor des Kolosserbriefes selbst:

> *2,8 Seht zu, dass euch niemand einfange durch Philosophie und leeren Trug, gegründet auf die Lehre von Menschen und auf die Elemente der Welt und nicht auf Christus. Denn in ihm wohnt die ganze Fülle der Gottheit leibhaftig, und an dieser Fülle habt ihr teil in ihm, der das Haupt aller Mächte und Gewalten ist. (…) Er hat die Mächte und Gewalten ihrer Macht entkleidet und sie öffentlich zur Schau gestellt und hat einen Triumph aus ihnen gemacht in Christus. … Lasst euch den Siegespreis von*

niemandem nehmen, der sich gefällt in falscher Demut und Verehrung der Engelmächte. Ohne Grund bläht er sich auf in seinem auf das Irdische beschränkten Sinn. 20 Wenn ihr nun mit Christus den Mächten der Welt gestorben seid, was lasst ihr euch dann Bedingungen auferlegen, als lebtet ihr noch in der Welt(...) 3,2 Trachtet nach dem, was droben ist, nicht nach dem, was auf Erden ist.

III. Die Mächte sind ihrer Macht entkleidet. Sie werden sozusagen entblößt zur Schau gestellt. Im Zuge dessen wollen wir sie uns näher anschauen, die Mächte und Gewalten unserer Zeiten, die Marken und anderen Produkte, die uns zwar den Himmel versprechen, ihn aber in Wahrheit verstellen. Lange schon werden Menschen in unserer Welt eingefangen von der Philosophie des Konsums, dem Konsumismus. Er macht Menschen blind, indem er sie blendet. Denn der Konsumismus will mehr sein als das ständige Produzieren und Erwerben von Gütern zum Gebrauchen und Verbrauchen. Es geht um eine Philosophie, die uns den Lebensinhalt vorgeben will.

(1) Der Konsumismus verspricht Glück, Wohlbefinden und Zufriedenheit. In Wahrheit aber bringt er das Gegenteil hervor. Ein Gut macht in der Regel nur zeitweise glücklich. Im Gebrauch, meist schon im Haben allein, büßt es seine Faszination ein. Es wird zum selbstverständlichen Bestandteil des Lebens und verliert seinen Reiz. Oft ist es bereits der Kaufakt selbst, der für den eigentlichen Erlebnisgewinn verantwortlich ist. Ist der Kaufakt getätigt, das Begehren gestillt, stellt sich Ernüchterung ein, wie die nachlassende Wirkung einer Droge. Untersuchungen zeigen, dass die Zufriedenheit ab einem bestimmten Lebensniveau nicht mehr vom materiellen Reichtum abhängt, im Gegenteil: Je mehr im Angebot ist, umso schneller richtet sich das Wünschen auf ein neues Objekt, das noch besser, noch größer, noch hochwertiger und leistungsfähiger ist. Der Konsumismus ist auf solche Automatismen angewiesen. Er kann sich wunschlos glückliche Konsumenten nicht leisten. Bei manchen Verbrauchern wird sogar durch das wachsende Warenangebot eine innere Unruhe ausgelöst. Denn es gibt so viel zu kaufen, und die Lebenszeit ist so kurz. Der Konsum gibt vor, für Glück und Zufriedenheit zu sorgen. Doch wer nach seiner Pfeife tanzt, erntet eine immer wiederkehrende Traurigkeit, wird das Gefühl der Unzufriedenheit nicht los und – wenn es ganz schlimm kommt - von Gierattacken angefallen. Der Satte bekommt schnell neuen Hunger.

(2) Der Konsumismus verspricht die Bildung einer eigenen Identität, die Möglichkeit zur Selbstvergewisserung und ein Gefühl der Einmaligkeit. Consumo, ergo sum: Ich konsumiere, also bin ich? Das schnelle Befriedigen der eigenen Bedürfnisse findet in der Regel nur bei kleinen Kindern statt. Erst der reife Mensch lernt damit umzugehen, dass gut Ding' auch Weile haben muss, dass sich manche Träume im Leben sehr spät oder gar nicht erfüllen. Die reife Persönlichkeit hat gelernt, mit eigener Triebhaftigkeit und Frustration gelassen umzugehen. Sie denkt nach, bevor sie handelt. Sie ist umsichtig, indem sie langfristig und ans soziale Umfeld denkt. Der Konsumismus verleitet jedoch dazu, nicht lange nachzudenken, sondern möglichst spontan zuzugreifen, sich erst einmal selber etwas zu gönnen, ohne immer sofort an andere zu denken. Das Warenangebot, die ständig wie von Geisterhand gefüllten Regale, sie vermitteln die Botschaft: „Alles ist möglich. Und du hast es dir verdient". Damit hält der Konsumismus Menschen wie kleine Kinder. Und wie Kinder reagieren sie ungeduldig. Ihr Credo lautet: „Ich will alles und zwar sofort". In ihrer oft übergroßen Anspruchshaltung wirken viele arrogant. In der Sprache des Kolosserbriefes gesagt: „Ohne Grund blähen sie sich auf in ihrem auf das Irdische beschränkten Sinn" - in der Tat: Sie werden rasch ungemütlich, wenn ihre Bedürfnisse nicht auf der Stelle im höchsten Maße erfüllt werden. Im Urlauberhotel lassen sich dazu Studien treiben. Die Ansprüche, die Konsumenten an die Produkte, aber auch an sich selber stellen, steigern sich in einem fort: Unter dem Motto ‚Das Bessere ist des Guten Feind' wird das Normale verachtet und nur das Sensationelle gesucht. Alles und jeder muss überdurchschnittlich werden, damit er Anerkennung finden kann.

Der Konsumismus stellt den Menschen Möglichkeiten zur Selbstvergewisserung und Selbstfindung in Aussicht. Aber oft verlieren sich Menschen in dem, was sie haben oder haben wollen. Natürlich will kaum noch jemand etwas haben, alle wollen lieber jemand sein. Doch weil sie jemand sein wollen, meinen sie, etwas haben zu müssen. Und wenn sie haben, was sie wollten, wissen sie noch immer nicht, wer sie sind und vor allem: wozu sie da sind. Viele umgeben sich mit Dingen, die ihnen Einzigartigkeit, Unverwechselbarkeit versprechen. Man redet ihnen ein, sie seien jetzt etwas Besonderes, Authentisches. Sie seien individuell, wenn sie bestimmte Marken erwerben und den angesagten Trends folgen. ‚In'-Sein wird wichtiger als ‚jemand zu sein'. Doch gerade indem man ‚in' ist, ist man es zugleich mit Millionen anderer. Statt Individualität zu erlangen, gibt man dem Anpassungsdruck nach und wird, was man eigentlich auf keinen Fall sein wollte: nur einer unter vielen.

(3) Der Konsumismus verspricht Freiheit, Kreativität und Selbstbestimmung. Der Konsum in unserer Gesellschaft ist ein System, das Verwandtschaft mit modernen Freiheitsrechten aufweist. Er propagiert die Autonomie des Verbrauchers. Und doch weiß der Konsument oft nicht, wie viel an Ausbeutung von Mensch, Tier und Umwelt hinter den gewählten Produkten steht. Das macht die propagierte Wahlfreiheit fragwürdig. Der Konsumismus will außerdem verführen, und Konsumenten wollen verführt werden. Sie wollen sich im Kaufen fühlen, sich als machtvoll erleben, sich in schönen Dingen spiegeln. Erlebnisorientierter Konsum appelliert gern an die Kreativität der Menschen. Doch was er verkauft, ist oft eine vorgestanzte Form von Kreativität, eine Schablone, mit der dem Konsumenten unbegrenzte Gestaltungsmöglichkeiten vorgegaukelt werden. So sind gerade Computerspiele in der Regel von kreativen Köpfen entwickelt worden, um Spieler von ihrer eigenen Kreativität abzulenken. Der Konsumismus will, dass sich Menschen den Reizen von außen überlassen, sich reinziehen lassen in fremde Welten, indem sie sich diese medial „reinziehen“. Sie wollen überwältigt und unterhalten werden und lassen dafür zu, dass ihr Geist eingelullt wird und ihre Gedanken zerfasern. Immer mehr zu haben, ist für die meisten eine alltägliche Erfahrung geworden, immer mehr zu wollen ist für viele inzwischen ein Lebensprogramm. Der Konsumismus ist ein Spiel, das aus Überbietung und Steigerung besteht. Den Mitspielern wird dafür Hilfe gegen Sinnleere und Langeweile versprochen. Doch in wohlstandsverwahrlosten Seelen findet sich trotzdem ein riesiges und finstres Loch, das sich nicht schließen lässt. Irgendwann ist es zu groß, um es mit Aktivitäten und Gütern stopfen zu können. Wenn von außen, etwa durch Erziehung, wenig Stoff geliefert wird, wenn von innen, etwa durch den Glauben, wenig Verlässliches aufgebaut werden kann, wenn gute und starke Traditionen nicht mehr viel hergeben und sich auch das soziale Gehäuse einer Familie als ‚Bruchbude' erweist, dann schlägt die Stunde des Konsumismus. Doch was er anbietet, hat nur etwas Unverbindliches, Oberflächliches und Flüchtiges. Viele Konsumenten wollen gefordert werden, aber nicht zu sehr: Alles soll leicht sein und Vergnügen bereiten. Sie suchen den Kitzel, die Gefahr, jedoch ohne Risiko, sie wollen große Emotionen, allerdings ohne Folgen. Der Konsum bietet Glück, Adrenalin und Euphorie, aber nur für Augenblicke. Wiederholungszwang stellt sich ein, Überdruss macht sich breit. Die Langeweile wird quälend.

Liebe Freunde, das Rumpelstilzchen versinkt in Grund und Boden, sobald es beim Namen genannt wird. Die Philosophie des Konsumismus lebt davon, dass sie viel zu selten ausdrücklich gemacht wird. Ihre Abgründe verbirgt sie hinter ihren Segnungen. Um ihr beizukommen, ist es wichtig, sie beim Namen zu nennen, zu schildern, was sie mit Seelen anstellt. Um ihr beizukommen, ist es ebenso wichtig, Gegenstrategien zu entwickeln. Konsumverzicht, der auf Klugheit und Weisheit beruht, ist dabei eine Option wie Formen eines alternativen Konsums, der meist Informationen und Aufklärung voraussetzt. Entscheidender ist es, Menschen zu stärken, sie weniger anfällig zu machen für die Verlockungen des Konsumismus. Wer sich des eigenen Wertes bereits gewiss ist, wird den Verheißungen des Konsumismus keinen Glauben schenken müssen. Wer vom wahren Himmel weiß, wird sich mit der Zwischenwelt der Mächte und Gewalten nicht zufrieden geben.

Aus diesen Schlussfolgerungen ergibt sich ein Auftrag, eine Aufgabe, die sich der christlichen Kirche in einer Konsumgesellschaft stellt. Wir haben die Aufgabe, Menschen zu höheren Bedürfnissen und geistigen Interessen anzuleiten. Wir haben ihnen vom oberen Himmel zu erzählen, vom ‚Haupt aller Mächte und Gewalten'. Es wird zukünftig darum gehen, der konsumistischen Existenz etwas entgegenzusetzen: andere und bewusstere Formen des Konsums, aber auch eine Lebenspraxis, die der Verkümmerung des Menschlichen entgegenarbeitet. Wir haben die Pflicht, Menschen aus ihrer passiven Konsumentenhaltung herauszuhelfen, sie zu einem selbständigen Nachdenken und Urteilen zu ermächtigen und zu ermutigen. Wir haben die Aufgabe, die eigene Kreativität zu fördern und der Phantasie Nahrung zu geben. Wir haben den Menschen zu sagen, dass sie in Gottes Augen unendlich wertvoll sind und von ihm abgrundtief geliebt werden. Nur so werden wir dem Konsumismus Paroli bieten und den Konsum in eine gesunde Balance bringen können. Darum: „Trachtet nach dem, was droben ist." AMEN.

Literaturverzeichnis:

Zygmunt Bauman, Leben als Konsum, 2009

Bundeszentrale für Politische Bildung, Konsumkultur, in: Aus Politik und Zeitgeschichte (32-33) 2009, Beilage zur Wochenzeitung ‚Das Parlament'

Pascal Bruckner, Ich kaufe, also bin ich, 2004

Wolfgang Isenberg, Matthias Sellmann (Hrsg.), Konsum als Religion? Über die Wiederverzauberung der Welt, 2000

Alexander Meschnig, Mathias Stuhr, Wunschlos unglücklich. Alles über Konsum, 2005

Manfred Prisching, Die zweidimensionale Gesellschaft. Ein Essay zur neokumsumistischen Geisteshaltung, 2. Auflage 2009

Richtard Sennett, Die Kultur des neuen Kapitalismus, 2005

Wolfgang Ullrich, Haben wollen. Wie funktioniert die Konsumkultur?, (2006) 2008

Theologisch interessant zum Thema ‚Mächte und Gewalten':

Martin Hailer, Götzen, Mächte und Gewalten, 2008

Ist Gott eine Person? – Ein Grundsatzfrage

Hinführung

Viele reden inzwischen in nichtpersonalen Bildern von Gott. Gott ist für sie eine innere Kraft, ein kosmisches Energiefeld, die universale Liebe und vieles andere mehr. Doch innerhalb der Kirche kommt davon wenig an, eine Auseinandersetzung mit den „neuen Gesichtern Gottes“ (Klaus-Peter Jörns) findet kaum statt.

Wie kommt es eigentlich, dass das Interesse an Religion, an Spiritualität, wie es heutzutage heißt, groß ist, vielleicht sogar wieder zugenommen hat? Und dass dieses Interesse an den Kirchen weitgehend vorbeiläuft, jedenfalls dort, wo die Kirchen einen Gott verkünden, der noch die althergebrachten Züge trägt? Der traditionelle Gottesdienst hat oft wenig Zulauf. Lange Zeit haben wir geglaubt, es läge an seiner Form, am strengen Reglement und an zu wenig Abwechslung, Emotion und ästhetischem Reiz. Dagegen finden „Event-Gottesdienste“ mit rhythmisch bewegter Musik vielerorts großen Zuspruch, weit mehr als der traditionelle Gottesdienst an gleicher Stelle. Und doch kranken diese Gottesdienste in der Regel daran, dass sich in ihrer bunten Verpackung wenig Inhalt findet, der aufhorchen lässt. Auch zwischen zwei Gospelchoreinlagen klingen die Botschaften nicht selten hohl und verbraucht. Alles gleicht eher einer Unterhaltungsshow: Es wird für gute Stimmung gesorgt; aber wird Gott den Menschen und werden sie ihm näher gebracht? Kann es sein, dass unser Reden von Gott sich nicht im gleichen Maße fortentwickelt hat wie die Kunst, lebendige Gottesdienste zu feiern?

Bereits vor fünf Jahrzehnten sind kritische Theologen auf den Plan getreten, die den Tod Gottes verkündet haben. Nicht dass Gott selbst tot sei, sondern dass die Vorstellung eines Gottes, der als gesondertes Wesen der Welt gegenübersteht, sich überholt habe. Die Theologen forderten schon damals, von Gott in einer neuen Weise zu reden. Mit ihrer plakativen, manchmal auch missverständlichen Ausdrucksweise verschreckten sie zunächst und riefen in bestimmten kirchlichen Kreisen kräftigen Widerspruch hervor. Nach heftigen Diskussionen innerhalb und außerhalb der Kirche ist es dann wieder ruhig geworden. Doch damit hatte sich das Grundanliegen nicht erledigt. In den letzten Jahren bekam die Debatte wieder Aufwind und fokussierte sich auf die drängende Frage: Ist Gott eine Person?

I. Was gegen die Annahme spricht, dass Gott eine Person ist

- In der Kirche wird immer gesagt: Wir sollen beten, denn Gott hört unsere Gebete. Jeder von uns kann aber Beispiele liefern, die das widerlegen. Da haben Menschen gebetet, inbrünstig und unaufhörlich. Und doch bekamen sie den Eindruck: Da ist gar keiner, der mir zuhört. Und sollte es doch Gott geben, dann hat er an mir offenbar kein Interesse. Oder er hat seine Ohren nicht auf Empfang gestellt. Vielleicht hat er auch gar keine Ohren, ist gar nicht so, wie die Kirche immer sagt.

- Nicht wenige Menschen meinen: Wenn es Gott gibt, dann ist er vielleicht eher so etwas wie eine innere Kraft, eine Art positives Energiefeld, das uns am Leben erhält. Sie nennen Gott auch die universale Liebe, die kreative Tiefendimension, das unergründliche Geheimnis (Matthias Kroeger).

- Menschen von heute glauben nicht mehr, dass die Welt in Stockwerken aufgebaut ist. Nachdem das frühere Untergeschoss, die Hölle, nur noch in der alten Kunst und in einigen Witzen seinen Platz hat, ist auch das Obergeschoss, der Himmel, in Zweifel gezogen worden. Viele glauben nicht, dass da im zweiten Stock über uns ein Gott herumhängt und sich ungerührt ansieht, was wir Menschen hier unten auf der Erde anstellen. Hätte ein solcher Gott Auschwitz tatenlos zusehen können?

- Diejenigen, die in den Naturwissenschaften zuhause sind, halten es für unwahrscheinlich, dass da ein Gott ist, der gleichsam von außen seine Finger mit im Spiel der Natur hat. Die Wissenschaft hat gute Gründe dafür vorgebracht, dass alles sich von selbst entwickelt hat, dass das ganze Leben im Sinne der Selbstorganisation nach bestimmten Gesetzmäßigkeiten abläuft.

- Für viele ist Gott größer als der, der in den Kirchen gepredigt wird. Für sie ist es ein Gott, der allen Religionen gehört. Der das gesamte Universum umfasst und doch in allen Dingen gegenwärtig sein kann. Es ist ein Gott, der nicht nur für die Christen zuständig ist.

- Für andere ist Gott etwas, das nicht in Worte zu fassen ist, eine Wirklichkeit, die das Denken übersteigt. Für sie ist Gott ganz anders, als wir es uns in unseren kleinen Hirnen ausmalen können. Vielleicht lacht sich Gott jedes Mal halbtot darüber, wenn sich Menschen über ihn äußern. Vielleicht ist er aber auch jedes Mal traurig darüber, wenn wir zu klein über ihn denken.

II. Was für die Annahme spricht, dass Gott eine Person ist

• Gott kann so vieles sein. Christliches Reden von Gott geht daher immer auf die Bibel zurück. Die Bibel aber redet von Gott, indem sie sich personaler Merkmale bedient: Gott handelt, er redet, Gott liebt und zürnt, er erwählt und verwirft, er hört und sieht. Gott hat einen Namen, mit dem man zu ihm rufen kann.

• Wenn die Bibel von Gott wie von einer Person redet, so ist das noch keine Vermenschlichung. Die Bibel weiß, dass Gott kein Mensch ist. Wenn ihm personale Eigenschaften zugesprochen werden, so handelt es sich dabei um Metaphern, um Bildworte, die helfen sollen, über Gott etwas aussagen zu können, über sein Wesen und Wirken.

• Eine Person ist ein Wesen, das lebendig ist, das einen eigenen Willen besitzt und souverän handeln kann. Gott wurde von Menschen Jahrtausende lang so erfahren: als ein lebendiges Wesen, das die Geschicke der Welt und der Völker lenkt, das sich aber auch dem Einzelnen zuwendet, ihn trägt und beschützt, ihm hilft und beisteht. Gott kann aber auch, so wird erzählt, Menschen prüfen und strafen und sogar dem Verderben anheim geben.

• Wenn von Gott in personaler Weise die Rede ist, so hat dies auch Auswirkungen auf die, die sich von Gott angesprochen sehen. ‚Ich' sagen kann ja nur der, der zugleich mit ‚Du' angesprochen wird. Indem Gott uns als Person entgegentritt, uns mit ‚Du' anspricht, werden wir selber zu Personen, die ‚Ich' sagen können und andere, auch Gott, mit ‚Du' ansprechen. Indem wir Gott wie eine Person behandeln, stärken wir also unser eigenes Person-Sein.

• Ein Gott, zu dem man nicht ‚Du' sagen kann, ist kein Gott, zu dem man beten kann. Zu einer inneren Kraft, zu einem Energiefeld, zum ‚Sein in der Tiefe' (Paul Tillich) lässt sich nicht beten. Ohne ein personales Gottesbild kann es nicht zu einer echten Begegnung zwischen Gott und Mensch kommen. Einem gestaltlosen Nebel kann man nicht begegnen (Votum des Theologischen Ausschusses der UEK).

• Gott ist eine Person, weil er für Christen in Jesus Mensch geworden ist. Jesus ist sozusagen das fleischgewordene Bildwort Gottes. Er hat Gott ein Gesicht gegeben, er hat Menschen dazu ermutigt, Gott als himmlischen Vater anzurufen. Von Jesus kann man lernen, dass Gott personal verstanden werden möchte.

III. Liebe Freunde, ist Gott eine Person? Im Grunde genommen ist die Frage falsch gestellt. Ob Gott eine Person ist – wer weiß das schon?! Die richtigen Fragen lauten anders: Sind wir (1) berechtigt, von Gott als Person zu reden? Ist es (2) nachvollziehbar und (3) der Sache nach angemessen? Ist es vor allem (4) hilfreich und (5) notwendig von Gott so zu reden, als sei er eine Person? Berechtigt, nachvollziehbar, angemessen, hilfreich und notwendig: Um diese fünf Aspekte soll es im Folgenden gehen.

(1) Sind wir berechtigt, von Gott als Person zu reden? Die Antwort darauf ist so schlicht wie einfach: Ja, wir sind dazu berechtigt. Denn die Bibel redet von Gott als Person. Und Jesus tut es auch. Und wer wollte beiden Größen widersprechen?! Wer wollte beiden die Autorität absprechen, von Gott in einer rechten Weise zu reden?! Gott, so hat es mal der Theologe Heinz Zahrnt gesagt, ist als persönliches Gegenüber ein theologischer Grundsachverhalt der Bibel. Von Gott zu reden wie von einer Person, die der Welt in voller Souveränität gegenübersteht, das sei unaufgebbar für alle, die sich auf die Bibel berufen. Doch in unserer Zeit ist Autorität nicht mehr alles. Nur weil es in der Bibel steht, nur weil Jesus vom ‚Vater im Himmel' gesprochen hat, sehen sich Menschen unserer Zeit nicht genötigt, es in gleicher Weise zu tun. Sie machen sich mittlerweile ihre eigenen Gedanken und lassen sich die Ergebnisse ihres Nachdenkens nicht von Autoritäten vorgeben, nicht von einer Kirche und nicht von einem Papst, auch nicht von einem heiligen Buch aus der Spätantike. Dieses eigene Nachdenken kann schon früh einsetzen. So stellte in meiner Gegenwart ein 5jähriges Kindergartenkind nach einem Familiengottesdienst empört fest: Gott habe doch gar keine Hände! Das Kind reagierte damit auf das Lied, das wir zuvor gesungen hatten: „Gott hält die ganze Welt in seiner Hand". Nein, Gott hat selber keine Hände, gab ich zur Antwort, ebenso überrascht wie beeindruckt von dieser Gegenrede. Gott kann aber, wenn er etwas für uns tun will, sich die Hände unserer Mitmenschen ausleihen. Wenn Gott macht, dass sich die Dinge selber machen, dann kann er auch handeln, indem Menschen etwas von sich aus tun. Gott brauche keine eigenen Hände, er nimmt die unsrigen in seinen Dienst.

(2) Liebe Freunde, neben die Verbürgung durch eine Autorität ist längst die eigene Erfahrung getreten. Menschen halten für wahr und richtig, was ihren eigenen Erfahrungen entspricht. Und damit sind wir bei der zweiten Frage, nämlich bei der Frage, ob unsere Rede von Gott als Person nachvollziehbar ist. Hier haben sich von

jeher die größten Schwierigkeiten aufgetan. Wenn Gott sehen und hören kann, warum sieht er dann das größte Elend, die tiefste Not, das schwerste Verbrechen nicht? Warum hört er nicht auf die Gebete derer, die ihn um Hilfe, um Beistand, um Rettung bitten? Dass Gott diese Welt erschaffen hat, dass er sie bewahrt und regiert, dass er das Böse besiegen wird und dass die Welt am Ende auf das große Heil zugeht, diese Gewissheit ist vielen abhanden gekommen. Menschen von heute sind da zutiefst skeptisch geworden. Für sie wird in der Kirche zu vollmundig von Gott gesprochen, von dem, was er angeblich alles tut, was er vernimmt und vermag. Zu selbstverständlich wird behauptet, dass er sich um alles und jeden kümmert, dass er vom himmlischen Balkon aus die Dinge lenkt und richtet. Das zu glauben, stellt für viele eine Überforderung dar, eine Zumutung angesichts gegenteiliger Erfahrungen. Vor diesem Hintergrund erklären sich einige Umfrageergebnisse von selbst: 43 Prozent der evangelischen Kirchenmitglieder glauben, dass es einen Gott gibt, der sich in Jesus Christus zu erkennen gegeben hat. Doch 27 Prozent glauben an einen solchen Gott nur mit großen Zweifeln und Unsicherheiten. Weitere 26 Prozent glauben an eine höhere Kraft, jedoch nicht an einen Gott, wie ihn die Kirche beschreibt. Von denen, die fast jeden Sonntag den Gottesdienst besuchen, glauben über 90 Prozent an einen Gott, wie ihn die Kirche predigt. Doch die, die nur einmal im Jahr oder noch seltener an Gottesdiensten teilnehmen, tun dies zur Hälfte nicht. Es gibt andere Umfragen, denen zufolge ebenso viele an einen Gott glauben, der sich persönlich mit jedem einzelnen Menschen befasst, wie es andere gibt, die dies für unwahrscheinlich halten. Nur die Hälfte aller Deutschen glaubt, dass Gott ihnen etwas sagen will, dass man zu ihm sprechen kann und dass er in das persönliche Leben eingreift. Die andere Hälfte muss nicht aus lauter Atheisten bestehen, aber wenn unter ihnen etliche an Gott glauben, und die meisten im Lande tun dies nach wie vor, dann trägt ihr Gott deutlich andere Züge als der, der von den Kanzeln verkündigt wird. „Was Gott ist, bestimme ich", so lautete vor Jahren schon ein entsprechender Slogan. Es ist möglich, dass dieser Gott nichts mit dem Vater Jesu Christi zu tun hat. Es muss aber nicht so sein. Es wäre erst zu prüfen, welche Wesenszüge im Einklang stehen und was sich gegenseitig ausschließen würde. Doch wo geschieht ein solches Prüfen? Sind wir als Kirche vorbereitet, willens und in der Lage, uns den neuen Gesichtern Gottes zu stellen? Uns vorbehaltlos und fair mit ihnen auseinanderzusetzen? Immerhin gab es ja schon vor Jahrzehnten Stimmen in Kirche und Theologie, die zu einem neuen, ungewohnten Gottesverständnis aufriefen.

(3) Damit sind wir bei der dritten Frage angelangt, bei der Frage, wie angemessen es eigentlich ist, von Gott als Person zu reden. Dietrich Bonhoeffer hatte schon zu seiner Zeit den kühnen Satz gewagt: Einen Gott, den es gibt, den gibt es nicht. Gott ist kein Ding unter Dingen, keine Person unter Personen. Theologen haben auf dieser Linie in den 50er und 60er Jahren versucht, von Gott neu zu reden. Sie verkündeten den Tod des alten Gottesbildes, demzufolge Gott die Welt von außen lenke und regiere. Sie behaupteten, Gott sei anders als derjenige, den die Tradition über der Welt thronen sah, der ihr zufolge außerhalb aller Dinge existiere und von oben herab eingreife. Diesen kritischen Theologen war schon klar, dass die Art, von Gott wie von einer Person zu reden, nur symbolisch gemeint ist. Dass wir von Gott immer nur in Bildern, in Metaphern reden können, war und ist allen bewusst. Aber Bilder können mächtig, zuweilen sogar übermächtig werden. Bilder können irgendwann für die Wirklichkeit selbst gehalten werden. Und dann wird von Gott eben nicht mehr *wie* von einer Person geredet, sondern Gott *als* Person für den Glauben verbindlich gemacht. Die Verständnis-Krücke wird dann zur Bekenntnis-Säule erhoben. Dagegen wandte sich damals die Kritik, dagegen wendet sie sich auch heutzutage wieder. Schon vor 50 Jahren wurde ein Paradigmenwechsel gefordert, wurde emphatisch eine theologische Zeitenwende eingeläutet. Man sah die Form, in die der christliche Glaube gegossen war, einer vergangenen Zeit angehören. Man sprach jetzt von Gott als der „letzten Tiefe unseres Seins, vom schöpferischen Grund und Sinn unserer Existenz“ (Paul Tillich). Heute wird vom Göttlichen geredet als dem Grund, der Wurzel und dem Geheimnis aller Wirklichkeit (Matthias Kroeger). Man spricht vom Unbedingten, „das als Dimension in jeder Wirklichkeit wahrgenommen und erfahren – oder eben verpasst und verleugnet – werden kann“ (Kroeger). Dabei geht es nicht darum, dass Wort ‚Gott‘ schamhaft zu umgehen. Vielmehr soll dieses Wort wieder neu gefüllt werden, mit Inhalten, die nichtpersonale Züge tragen. So unterscheidet sich dieses Reden von der Tiefe, vom Grund und vom Unbedingten durchaus von der Erzählung Heinrich Bölls, die unter dem Titel „Doktor Murkes gesammeltes Schweigen“ weithin bekannt ist. Hier sollte in einem Rundfunkvortrag das Wort ‚Gott‘ durch die Wendung ‚jenes höhere Wesen, das wir verehren‘ ersetzt werden. ‚Dieses höhere Wesen‘ ist aber nur eine andere Ausdrucksweise für Gott. Sie verrät zwar eine deutliche Distanzierung, geht sie doch zur vertrauten Anrede ‚Gott‘ spürbar auf Abstand. Aber auch das Reden vom ‚höheren Wesen‘ stellt das Personsein Gottes nicht in Frage. Auch ein ‚höheres Wesen‘ kann zu dem ausarten, was viele mit Gott

als Person in negativer Hinsicht verbinden: den „allgegenwärtigen Übervater", den „lästigen Ordnungshüter", den „ständigen Spaßverderber". Oder auch den hilflosen Allmächtigen, den tauben Gebetserhörer, den verstummten Seelentröster. Es muss andere Möglichkeiten geben, von Gott zu reden. Damit diese Rede Menschen wieder nahe kommt, damit sie ihnen Gott wieder näher bringt. Von Gott zu reden muss wieder allgemein als hilfreich empfunden werden. Es darf nicht als belangloses Sprachspiel der Kirche für kleine, empfängliche Kreise erscheinen.

(4) Und darum nun die vierte Frage: Ist es hilfreich, von Gott als Person zu reden? Für viele Menschen ist dies nach wie vor der Fall. Sie haben keine Probleme mit dem ‚lieben Vater im Himmel'. Sie glauben daran, dass Gott auf sie mit Liebe und Güte blickt. Sie vertrauen darauf, dass er ihre Gebete hört, auch wenn er sich nicht immer nach ihnen richtet. Sie halten daran fest, dass Gott wie ein weiser Herrscher diese Welt regiert und sie – durch Irrungen und Wirrungen hindurch – zum Ziel führt. Viele Menschen fühlen sich getragen von einem Herrn, der jedem einzelnen zugetan ist, der Nachsicht walten lässt und Segen spendet. Und diese Menschen, die so glauben, haben viele Bibeltexte auf ihrer Seite, zumindest was deren Wortlaut anbelangt. Für sie geht das eine in das andere über, verschmilzt beides miteinander: von Gott wie von einer Person zu reden und Gott für eine Person zu halten. Für diese Menschen muss die Kirche auch weiterhin Gott als Person predigen. Es ist bibelgemäß und menschenfreundlich. Unfreundlich wäre es jedoch, wenn die Kirche dabei die anderen außen vor ließe. Es wäre ungut, über ihre Gottesvorstellungen achselzuckend hinweg zu gehen. Es reicht auch nicht, auf die Bibel zu verweisen und dem, der Schwierigkeiten mit biblisch-kirchlicher Rede hat, zu empfehlen, einfach häufiger in die Kirche zu kommen und sich so lange der Bildersprache auszusetzen, bis die Schwierigkeiten schwinden. Es ist nämlich auffällig, dass die Bibel selbst eine Reihe von Alternativen zur personalen Gottesvorstellung kennt. Und mich wundert es nicht, dass auch im Raum der Kirche selbst gerade dasjenige Lied so beliebt ist, das Gott mit Hilfe dieser andersartigen Bildworte preist: „Stern, auf den ich schaue, Fels, auf dem ich steh, Führer, dem ich traue, Stab, an dem ich geh, Brot, von dem ich lebe, Quell, an dem ich ruh, Ziel, dass ich erstrebe, alles, HERR, bist du" (evangelisches gesangbuch 407,1). Darüber hinaus fällt sehr aufmerksamen Bibellesern auf, dass etwa im Markusevangelium Gott als handelnde Person überhaupt nicht in den Blick kommt. Und auch das Lukasevangelium umgeht diesen Aspekt weitestgehend. Insbesondere viele mit Jesus verbundene Worte vermeiden es, von

Gott in direkter Weise zu reden. So bedient sich Jesus mit Vorliebe der Bildkräftigkeit von Gleichnissen. In ihnen bringt er zum Ausdruck, was er unter Gott versteht. Jesus legt mit seinen Gleichnissen Gott gleichsam aus. Indem er vom Vater erzählt, der wider Erwarten seinen gescheiterten Sohn mit großer Herzlichkeit bei sich aufnimmt. Er erzählt von einem Mann aus Samaria, der spontan einem Ausgeraubten hilft, nachdem ihn die Frommen allesamt sich selbst überlassen hatten. Weder setzt Jesus den Vater mit Gott gleich, noch identifiziert er sich selbst mit dem Samaritaner. Jesus verwendet Motive aus dem Alltag und formt sie zu Geschichten um, in denen deutlich werden soll, was mit Gott, mit seinem Wesen und Wirken gemeint ist. Da freut sich ein Vater maßlos über den zurückgekehrten Sohn und stellt diese Freude über jeden Anflug von Zorn, zu dem er als Vater allen Grund hätte. Denn er hatte zuvor den Sohn verloren an einen ausschweifenden Lebensstil, dem immerhin die Hälfte des Erbes zum Opfer gefallen war. Da ist ein Samaritaner, der sich selbst als Nächster entdeckt und den sein bloßes Mitgefühl nötigt, über alle ethnischen Grenzen hinweg zum Retter für einen Fremden zu werden. Wo immer dies geschieht, da scheint etwas vom Wesen und Wirken Gottes durch, da wird ein Gleichnis transparent für die Liebe, die Jesus als eigentliche Weltmacht verkündigt. Oft ist es eine Liebe, mit der niemand gerechnet hat, die einem unverdienterweise zuteilwird, die keinem moralischen Gebot entspringt, die aber bevorzugt Grenzen überspringt und religiöse Tabus zersprengt. Dieser Liebe ist Gott inne. Gott, das ist eben eine Chiffre, eine Kurzformel, hinter der ganze Geschichten stehen, Geschichten, die entfaltet und entschlüsselt sein wollen.

(5) So komme ich zur fünften und letzten Frage: Ist es notwendig, von Gott zu reden? Der Professor, bei dem ich Predigtlehre studierte, hat uns Studenten immer und immer wieder gesagt: Reden Sie nicht so viel von Gott. Wer leichtfertig und vorschnell das Wort ‚Gott' in den Mund nimmt, der ist nur zu faul zum Denken! Ich möchte hinzufügen: Wer zu viel von Gott redet, der ist auch zu faul zum Erzählen. Denn was Gott ist, was er sein könnte, was er aber auch nicht ist und auf keinen Fall sein darf, das alles entfaltet die Bibel in Geschichten und Erzählungen. Und von besonderem Interesse sind hier vor allem die Texte, in denen das Wort ‚Gott' gar nicht vorkommt. Etwa die Geschichte von Joseph und seinen Brüdern, eine Familiengeschichte, die von Entzweiung und Versöhnung erzählt. An Geschichten wie dieser wird deutlich, dass wir nicht darauf angewiesen sind, von Gott als einem Wesen zu reden, das an und für sich existiert.

Wir müssen Gott nicht mit allen passenden und unpassenden Eigenschaften versehen und am Ende dafür sorgen, dass sich all diese zugeschriebenen Attribute widerspruchsfrei behaupten lassen. Notwendig ist etwas anderes: Nämlich die Rede von Gott als einer Person zum Anlass zu nehmen, Gott in personalen Beziehungen aufzuspüren. Von Gott als einer Person zu reden, wird damit nicht zum Inhalt, sondern zum Ausgangspunkt christlicher Verkündigung. Dass die Bibel von Gott wie von einer Person redet, hat für mich den Sinn, die Beziehung zwischen Personen als denjenigen Ort zu erkennen, an denen Gottes Wirksamkeit am deutlichsten aufscheint. Ich denke, Gott, Jesus Christus, ja selbst der Heilige Geist tragen in der Bibel deshalb personale Züge, damit bestimmte zwischen-menschliche Beziehungen auf Gott hin befragt und ausgelegt werden. Und zwar so, dass sie durchsichtig werden für das, was Wesen und Wirken Gottes genannt werden kann. Es macht zwar durchaus Sinn, zwischen einer Beziehung zu unterscheiden, die zwischen Mensch und Gott besteht, und denjenigen Beziehungen, die Menschen untereinander pflegen. Aber wir dürfen sie nicht künstlich voneinander trennen. Die Beziehung zwischen Gott und Mensch ist keine isolierte Sonderbeziehung, sondern sie verwirklicht sich in den Beziehungen, die wir zu anderen Menschen haben. Dabei ist es unsinnig zu glauben, dass, wenn meine Beziehung zu Gott in Ordnung ist, dann auch meine Beziehung zu den Mitmenschen in Ordnung wäre. Für Jesus war immer klar: Wenn die Beziehung zu deinen Mitmenschen nicht stimmt, dann stimmt auch die Beziehung zu Gott nicht. Eben darum, weil man das eine nicht haben kann ohne das andere. Eine Störung im Zwischenmenschlichen betrifft immer auch die Gottesbeziehung. Weil diese Ebenen nicht nebeneinander liegen, sondern ineinander greifen. So betrifft eine heilsame Wende im Zwischenmenschlichen die Gottesbeziehung in gleicher Weise, macht sie doch kenntlich, was Gott ist, will und wirkt.

Ist Gott eine Person? Man kann und darf von ihm so reden, als ob er wie eine Person sei. Gott aber ist noch viel mehr. Er ist auch eine Geschichte, in der aufblitzt, dass Gott „mitten im Leben jenseitig“ ist. „Mitten im Leben jenseitig“, diese schöne Formulierung von Dietrich Bonhoeffer besagt für mich: In menschlichen Beziehungsgeschichten scheint durch, was Gott ist. Und was ihn uns oft wie eine Person erscheinen lässt: Dass er uns hört und uns gnädig ansieht, dass er uns vorübergehend zürnt und uns unendlich lieb hat, dass er uns entgegenkommt und zugleich die letzte Wirklichkeit ist, die alles umfängt und durchdringt. Von dieser letzten Wirklichkeit kann man erzählen und singen, man kann sie aber auch feiern und - gemeinschaftlich beschweigen. Allem davon sollte unsere Kirche Raum geben. AMEN.

Literaturhinweise:

Klaus Berger, Ist Gott Person? Ein Weg zum Verstehen des christlichen Gottesbildes, 2004

Herbert Braun, Jesus - der Mann aus Nazareth und seine Zeit, 1. Auflage der (erweiterten) Tb-Ausgabe, 1988

Klaus-Peter Jörns, Die neuen Gesichter Gottes. Was die Menschen heute wirklich glauben, 1997

Kirche Horizont und Lebensrahmen. Vierte EKD-Erhebung über Kirchenmitgliedschaft. Hrsg. vom Kirchenamt der EKD, 2003

Matthias Kroeger, Im religiösen Umbruch der Welt: Der fällige Ruck in den Köpfen der Kirche. Über Grundriss und Bausteine des religiösen Wandels im Herzen der Kirche, 2004

Mit Gott reden – von Gott reden. Das Personsein des dreieinigen Gottes. Ein Votum des Theologischen Ausschusses der Union Evangelischer Kirchen (UEK) in der EKD. Hrsg. von Michael Beintker und Martin Heimbucher, 2. Auflage 2011

John A.T. Robinson, Gott ist anders. Honest to God, 1964

Norbert Scholl, Religiös ohne Gott. Warum wir heute anders glauben, 2. Auflage 2011

Heinz Zahrnt, Gott kann nicht sterben. Wider die falschen Alternativen in Theologie und Gesellschaft, Tb-Ausgabe 1973

Printed by Books on Demand GmbH, Norderstedt / Germany